Le Choix

Souffrir au travail n'est pas une fatalité

Christophe Dejours

Le Choix

Souffrir au travail n'est pas une fatalité

bayard

ISBN : 978-2-227-48794-9

18, rue Barbès, 92128 Montrouge cedex

INTRODUCTION

« Souffrir au travail n'est pas une fatalité*. » Ce sous-titre mérite quelques éclaircissements. L'évolution terrifiante du monde du travail contemporain nous est inlassablement

* La souffrance au travail est une dimension inévitable du travail vivant. Le sous-titre du livre : « Souffrir au travail n'est pas une fatalité » semble au premier abord en contradiction avec cette donnée de la clinique du travail. Par ce sous-titre, il s'agit seulement d'indiquer que la souffrance conduisant à la décompensation psychopathologique ou somatique, c'est-à-dire la souffrance pathogène, n'est pas inéluctable. La souffrance en effet est toujours au rendez-vous du travail. En revanche ce qu'il adviendra de cette souffrance n'est pas fixé à l'avance. En fonction des caractéristiques de l'organisation du travail, cette souffrance peut dans certains cas conduire à la maladie, mais dans d'autres cas elle peut être transformée en plaisir et devenir une pièce maîtresse dans la construction de la santé mentale. Les conditions de cette transformation sont bien connues et ont été décrites dans le détail (voir « La sublimation entre clinique du travail et psychanalyse », in *Revue française de psychosomatique*, n° 46, 2014, p. 21-37). Dans le sous-titre de ce livre, « Souffrir au travail... », cette souffrance doit donc être entendue dans le sens restreint de la souffrance pathogène.

présentée comme inévitable. Mondialisation, globalisation, guerre économique, financiarisation sont invoquées comme des processus incoercibles face auxquels on ne peut, raisonnablement, que se résigner. Pour des raisons théoriques nous savons que ce diagnostic fataliste relève d'une erreur d'analyse, à moins qu'il ne s'agisse d'une volonté de manipuler, par la domination symbolique, la pensée de nos contemporains et de désamorcer leurs velléités de résistance. Je vais rappeler brièvement ces bases théoriques. Elles sont fondées sur les connaissances accumulées depuis une cinquantaine d'années par les sciences du travail. Aux ergonomes on doit d'avoir démontré que dans toute activité de production, quelle qu'elle soit, il y a toujours un décalage entre organisation du travail prescrite et organisation du travail effective[1]. L'ensemble des directives, injonctions, objectifs, ordres, consignes, prescriptions… constitue l'organisation prescrite du travail. Dans la réalité aucun travailleur ne respecte l'organisation du travail prescrite dans son intégralité. Tous « trichent » avec les consignes, non par goût immodéré de la transgression ou par indiscipline, mais seulement pour bien faire. Car dans tout procès de travail, surviennent des anomalies, des imprévus, des incidents, des dysfonctionnements, des pannes, des bogues… qui n'ont pas été prévus par l'organisation prescrite et qui perturbent l'activité. Ces perturbations génèrent des difficultés pour le travailleur, qui sont source non seulement d'un travail supplémentaire, mais aussi d'une souffrance qui peut parfois atteindre l'insupportable, soit parce qu'elles se répètent itérativement, soit parce qu'elles impliquent des risques pour la qualité, pour la sécurité des personnes ou pour la sûreté des installations. C'est pour éviter cette souffrance que le travailleur invente des modes opératoires, des ficelles, des bricolages, des astuces (l'organisation effective du travail) qui sont en infraction avec l'organisation prescrite, mais grâce auxquels il s'efforce d'être en avance sur l'incident, la panne ou l'accident. Au demeurant, si les travailleurs s'en tenaient à l'exécution stricte des prescriptions, s'ils étaient parfaitement soumis et dociles aux ordres, ils feraient ce qu'on appelle la « grève du zèle » et la production serait inévitablement en panne. Le zèle, c'est donc la mobilisation d'une intelligence inventive grâce à laquelle le travailleur remanie les prescriptions pour se préparer à faire face à l'imprévu.

La conséquence de cette découverte des sciences du travail, c'est qu'aucun atelier, aucune usine, aucune installation, aucune administration, aucun service, aucune entreprise, et même aucune armée, ne fonctionnerait sans le zèle des travailleurs et ce qu'il implique de subversion de l'organisation prescrite. Il en résulte que le « système » économique (aussi bien la « guerre économique » que le marché, les banques, la Bourse ou la financiarisation) ne fonctionneraient pas sans le zèle des travailleurs qui le servent.

Ce constat a quelque chose de tragique : le système, qui aujourd'hui génère une souffrance jusque-là inédite dans le monde du travail, ne fonctionne que grâce à notre zèle et à l'intelligence que nous mettons tous à le faire perdurer. Nous sommes donc tous parties prenantes, que nous le reconnaissions ou non, dans la pérennité du système qui nous broie. Se trouve ainsi soulevée la question redoutable de la servitude volontaire dans le travail dont j'ai tenté de donner une analyse dans *Souffrance en France* il y a une quinzaine d'années.

Mais ce constat a aussi une contrepartie essentielle : si le système fonctionne grâce à notre zèle, dont il ne peut absolument pas se passer, c'est qu'il n'est pas un système inexorable. Son fonctionnement dépend de notre consentement à le servir. Si nous ne consentons pas, il s'effondre. C'est d'ailleurs ce qui est arrivé à tous les systèmes, même totalitaires, et ce sera un jour le tour du système néolibéral.

Ce livre, donc, soutient que souffrir au travail n'est pas une fatalité. Le travail n'est jamais neutre pour la santé mentale. Il peut générer le pire, mais il peut aussi donner le meilleur et devenir un médiateur puissant dans la construction de la santé, dans le plaisir, dans l'accomplissement de soi et dans la production des œuvres de la culture.

Jusqu'à présent la critique s'arrêtait à cette conclusion selon laquelle il n'y a pas de fatalité dans la dégradation du rapport entre l'être humain et le travail. Elle n'était pas en mesure de montrer concrètement comment lutter efficacement contre cette évolution délétère, sauf à donner quelques indications générales comme à la fin de *Souffrance en France*. L'étape suivante, j'ai tenté de la formaliser dans *Travail vivant*, en 2009, ouvrage théorique qui a permis d'explorer les conditions auxquelles devrait satisfaire une nouvelle conception de l'organisation du travail pour pouvoir renverser le cours des choses. Cette étape théorique a été bâtie par déduction à partir de la connaissance acquise en psychodynamique du travail sur les contraintes de l'organisation du travail qui sont responsables de l'augmentation des pathologies mentales au travail. Cette analyse théorique a dégagé le rôle essentiel qui revient à la coopération, c'est-à-dire à l'intelligence au pluriel ou au zèle collectif, dans la conjuration des désastres humains au sein du monde du travail livré au néolibéralisme. Sans cette étape théorique, le présent ouvrage, *Le Choix*, aurait été impossible.

Ce livre rend compte d'une étape nouvelle. Sur la base de ces données théoriques, des expérimentations ont été menées dans plusieurs entreprises qui ont souhaité être accompagnées pour tenter des transformations en profondeur de leur organisation du travail. Ces interventions ont duré plusieurs années et c'est l'objet de ce livre que de montrer les alternatives possibles à l'évolution délétère de l'organisation du travail après le tournant gestionnaire. Mais dans le même temps où certaines expériences pionnières ouvrent de nouvelles perspectives d'action, dans le même temps où la question du travail a significativement fait retour dans l'espace public, les méthodes d'organisation du travail qui engendrent les désastres humains, au premier rang desquelles se situe l'évaluation individuelle des performances, continuent leur sinistre progression et engendrent des situations inacceptables. Pires que par le passé, pires que ce dont j'avais connaissance par les enquêtes sur la base desquelles j'avais écrit *Souffrance en France*. C'est pourquoi ce livre est composé de deux parties.

La première est consacrée à la description de ce qui, aujourd'hui, ne peut être caractérisé plus clairement que comme la banalisation du pire, à partir des enquêtes les plus récentes réalisées par mon équipe de recherche.

La seconde partie est consacrée à l'analyse d'alternatives concrètes fondées sur des interventions faites dans des entreprises pendant ces dernières années avec des développements pratiques et théoriques qui se prolongent dans le domaine de l'économie.

Les deux conceptions du travail et de son organisation respectivement présentées dans la première et la seconde partie de ce livre sont désormais comparables, voire opposables.

Non seulement il n'y a pas de fatalité dans l'évolution du monde du travail que nous connaissons aujourd'hui, mais il est dorénavant possible de faire un choix. *De facto*, c'est maintenant à nous de nous prononcer, mais le choix ne sera possible que si l'on en connaît préalablement les arguments théoriques et pratiques. C'est donc à la présentation de ces arguments que ce livre est destiné.

Ce livre part, donc, de la souffrance et des pathologies générées par le travail. C'est d'abord et avant tout un livre fondé sur la clinique de la souffrance et du plaisir au travail. Mais c'est aussi un livre politique. On trouvera peut-être étonnant, voire insolent, qu'à partir de la clinique on ose s'avancer sur le terrain du politique. Il s'agit là d'une question qui, depuis une trentaine ou une quarantaine d'années, a déjà une histoire.

Les recherches menées en psychopathologie et en psychodynamique du travail ont, dès les années 1980, après la publication de mon premier ouvrage *Travail : usure mentale*, suscité des réactions contrastées en provenance du politique. La suspicion vis-à-vis de la psychanalyse a connu son apogée avec la publication par le parti communiste du manifeste « Sur la psychanalyse, idéologie réactionnaire »[2]. Malgré quelques revirements, notamment parmi les signataires de ce manifeste (S. Lebovici, J. Kestemberg, L. Bonnafé), cette suspicion a perduré dans les milieux de gauche et la psychodynamique du travail a été dénoncée par eux comme une exaltation de préoccupations individualistes et petites-bourgeoises. L'analyse de la souffrance au travail ne pouvait que favoriser le nombrilisme et détourner les militants de la conscience de classe et de la lutte de classes. Avec la publication de *Souffrance en France*, la critique s'est radicalisée. En soulevant la question de la servitude volontaire dans le travail, la psychodynamique du travail trahirait la classe ouvrière, en laissant supposer que les travailleurs ne seraient pas seulement les victimes impuissantes du pouvoir patronal (cependant que d'autres lecteurs y voyaient au contraire un moyen de comprendre les impasses et l'impuissance des stratégies syndicales et politiques classiques face aux nouvelles méthodes d'organisation du travail, de gestion et de management, et y trouvaient des ressources pour repenser la théorie et la pratique de l'action politique en régime néolibéral). C'est le premier axe de la critique. Le second est la réplication de la critique d'après-guerre : en attirant l'attention sur la souffrance au travail, la psychodynamique du travail alimenterait le dolorisme et la victimisation et deviendrait nuisible, voire serait responsable de la dépolitisation rampante qui affecte nos concitoyens.

Je pense le contraire : la dépolitisation effective serait plutôt la conséquence de l'échec du politique à se saisir des questions vives qui préoccupent les citoyens ordinaires, en particulier celles qui concernent le travail. *De facto*, les syndicats et partis de gauche ont délibérément refusé le rendez-vous avec les questions de la santé mentale au travail, qui dès 1968 avaient couvert les murs des grandes villes avec des affiches dénonçant déjà l'aliénation au travail. La montée du thème de la souffrance au travail dans l'espace public ne correspond nullement à une psychologisation du social et du politique. Elle est le témoin de l'impuissance des politiques à s'emparer de la question de l'organisation du travail. En effet, dès 1980, j'avais apporté des arguments en vertu desquels les pathologies mentales sont électivement liées à l'organisation du travail (cependant que les maladies du corps sont liées aux conditions de travail). En récusant la psychodynamique du travail, on ne disqualifiait pas seulement la souffrance et la pathologie mentales, on ratait le rendez-vous avec la question de l'organisation du travail, question qui n'a d'ailleurs jamais été reconnue par les syndicats et les partis comme un problème politique à part entière ainsi que l'a montré Bruno Trentin[3].

En manquant ce rendez-vous historique, nombre d'organisations politiques et syndicales ont laissé le champ libre au patronat et à l'État pour expérimenter et mettre en œuvre de nouvelles méthodes d'organisation du travail. Depuis l'expérimentation sur la multivalence, la polyvalence, l'enrichissement des tâches, les groupes semi-autonomes, dans les années 1970-1980, jusqu'à l'évaluation individualisée des performances, la qualité totale et le tournant gestionnaire des années 2000, en passant par les systèmes experts dans les années 1990, il n'y a jamais eu d'analyse politique de l'organisation du travail par les organisations politiques et syndicales. Ces dernières s'en sont toujours tenues à dénoncer dans l'après coup les désastres occasionnés par ces nouvelles méthodes. Elles ne sont intervenues politiquement que sur la question de l'emploi et de la durée hebdomadaire de travail et ont eu tendance à se battre pour des dédommagements ou des compensations pécuniaires pour la souffrance ou le risque de maladie au lieu de s'attaquer à la question de l'organisation du travail. Mais l'emploi, ce n'est pas du tout la même chose que l'organisation du travail, et, au demeurant, sans transformation de l'organisation du travail, il n'y a pas de solution rationnelle à la question du chômage.

De sorte qu'aujourd'hui encore, la psychodynamique du travail reste assez isolée dans son effort pour soulever la question de l'organisation du travail. Assez isolée seulement, parce qu'elle a trouvé l'appui de chercheurs dans plusieurs champs théoriques et pratiques, qui sont, toutefois, minoritaires chacun dans leurs champs respectifs. Les premiers se situaient dans le champ de la sociologie de la division sociale et sexuelle du travail[4]. C'est de ces auteurs que vient la thèse de la centralité du travail[5]. Les seconds se situaient dans la médecine du travail[6] et dans l'ergonomie[7].

Les appuis ultérieurs se situent dans le champ de la philosophie, en particulier dans la théorie critique[8].

Enfin un travail en commun s'est structuré avec des économistes, en particulier avec Christian du Tertre qui est coauteur de la seconde partie de ce livre.

De ces appuis intellectuels, la psychodynamique du travail a beaucoup profité dans son évolution théorique. Si, à partir de la clinique du travail, on est effectivement en mesure de remonter à l'organisation du travail, à son analyse et à sa transformation, quels sont les acteurs qui, parmi les dirigeants d'entreprise, peuvent se manifester auprès des chercheurs par une demande d'intervention ? Ce sont essentiellement ceux qui prennent au sérieux les questions de souffrance au travail dans leurs entreprises. Les raisons de ces demandes seront précisées dans la seconde partie (« Le temps du changement. Vers un autre modèle économique à l'aune du travail vivant »).

En vertu de la thèse de la centralité du travail, ce livre soutient que l'organisation du travail constitue un problème politique à part entière. Pourquoi ? Toute méthode d'organisation du travail, qu'il s'agisse du taylorisme, du fordisme, du toyotisme ou du tournant gestionnaire, est structurée par deux objectifs : la division et la répartition des tâches entre les travailleurs, en fonction de considérations d'ordre technique et matériel relatives au procès de production d'une part, la division des salariés (contrôle, surveillance, hiérarchie, commandement) en fonction de stratégies politiques relatives à la domination d'autre part. Depuis les débats des années 1970-1980[9], on sait que le second objectif est prioritaire sur le premier, et que les progrès en matière de méthode de domination précèdent le développement des nouvelles techniques de production. Chaque méthode d'organisation du travail innove en matière de domination. Dans la dernière période, celle du tournant gestionnaire, les ingénieurs, qui depuis Taylor régnaient sur l'organisation du travail, ont perdu le pouvoir dont ils ont été délogés par les gestionnaires. Parmi les nouvelles méthodes introduites par les gestionnaires figure l'évaluation individualisée des performances. Sa justification réside dans le bénéfice qu'elle apporte à l'employeur en matière de domination. Du point de vue scientifique, l'évaluation individualisée des performances par des méthodes objectives, quantitatives par mesurage est un contresens[10]. Cette méthode, en imposant la concurrence généralisée, y compris entre collègues d'une même équipe de travail, a réussi à fracturer toutes les formes d'entraide, de prévenance, de savoir-vivre et de solidarité entre les travailleurs. À la place elle a installé la solitude, d'une part, la peur, d'autre part. Dans l'ombre de la performance individuelle dont l'exaltation caractérise la pensée néolibérale, la coopération se défait. Et c'est bien l'objectif visé : un PDG récemment nommé ne déclarait-il pas solennellement à ses cadres que dans la nouvelle organisation qu'il entendait mettre en œuvre dans son entreprise, il ne voulait pas voir figurer le mot coopération. « La coopération, c'est le masque derrière lequel se cache la déresponsabilisation des individus ! »

En démantelant la coopération, l'entreprise perd son principal gisement d'intelligence et de productivité, ce qui du point de vue économique est irrationnel. Mais dans le même mouvement, la décomposition de la coopération signifie la fin de l'entraide et du vivre ensemble, ce qui se traduit par le chacun pour soi, la lutte de chacun contre tous. D'un côté cela entraîne une explosion des pathologies de surcharge (troubles musculo-squelettiques, karôshi, burn-out, dopage), de l'autre cela entraîne un affaiblissement considérable des solidarités et donc des capacités de résistance des travailleurs à la domination, y compris chez les cadres qui à leur tour vont devoir payer leur tribut à la souffrance et à la pathologie mentale, jusqu'au suicide sur les lieux de travail.

En détruisant les solidarités, sur le terrain de la production, le pouvoir des dirigeants d'entreprise est parvenu à affaiblir les syndicats de façon significative. L'impact politique de l'évaluation individualisée des performances déborde largement le périmètre de l'entreprise : le chacun pour soi, la méfiance à l'égard de l'autre, la déloyauté vis-à-vis des pairs dans le travail infiltrent progressivement la société civile tout entière et se traduisent par un appauvrissement sensible du débat politique dans la cité.

Comme on le verra dans la seconde partie de ce livre, la coopération exige au contraire la formation et l'entretien par l'organisation du travail d'espaces de délibération à l'intérieur de l'entreprise. Espaces voués à la confrontation des modes opératoires des uns et des autres, en vue d'élaborer ensemble des accords et des règles de travail qui seront ensuite mis en œuvre et respectés par tous les membres d'une équipe. Ces espaces de délibération constituent aussi des lieux d'apprentissage et d'expérimentation, par chacun, des exigences d'un fonctionnement démocratique. Ainsi, l'organisation du travail peut-elle, à l'inverse de ce qu'elle a généré depuis le tournant gestionnaire, ouvrir la voie à la reconstruction du vivre ensemble et à l'exercice de la démocratie. La thèse de la centralité politique du travail révèle la dimension politique fondamentale de l'organisation du travail qui ne saurait en aucun cas être réduite à un autre débat politique, comme celui de la conquête du pouvoir ou de l'État... La dimension politique de l'organisation du travail ne peut être abordée rationnellement que par l'investigation et la connaissance approfondies du travail vivant, aux deux niveaux de l'individu (l'ingéniosité) et du collectif (la coopération), ce dont ce livre propose une illustration.

Partie I
Le temps de la résignation

Tristes dérives dans le monde du travail

Christophe Dejours

Avec la contribution de Christophe Demaegdt,
Isabelle Gernet, Stéphane Le Lay, Duarte Rolo,
Florence Spira Chekroun

Avant-propos

Une quinzaine d'années séparent le présent ouvrage de la parution de *Souffrance en France*. Dans cet intervalle, l'évolution la plus notable est sans doute la multiplication des suicides sur les lieux du travail, qui ne touche pas seulement la France, mais d'autres pays en Europe, en Amérique et en Asie. En 1998, nous pensions qu'il s'agissait d'une conjoncture exceptionnelle. Il était alors difficile d'imaginer que des vagues de suicides allaient se succéder et témoigner d'une dégradation des rapports entre l'être humain et le travail qui, quoi qu'on en dise, poursuit sa sinistre progression.

Les nouvelles méthodes de gestion et de management, l'évaluation individualisée des performances[1], la qualité totale, la précarisation de l'emploi ont provoqué un accroissement massif de la souffrance éthique. C'est cette souffrance qu'implique, pour le fonctionnement psychique, le fait d'apporter, nolens volens, son consentement à participer à des actes que pourtant, moralement, on réprouve. C'est cette souffrance qu'il faut analyser de manière plus approfondie pour comprendre la dégradation à laquelle nous assistons dans le monde du travail. Notamment sur deux terrains d'investigation.

Dans les services de réanimation, les méthodes d'organisation du travail et de gestion introduites depuis une quinzaine d'années ont profondément transformé les rapports entre soignants et malades. Là, le nombre des suicides, tant chez les médecins que dans les équipes infirmières, témoigne tristement de la souffrance éthique. Alors que l'imaginaire social exalte les performances des corps dans les compétitions sportives, la façon dont on les traite concrètement dans ces services atteste d'une transformation du statut du corps qui ne touche pas seulement les soignants. Même si ces derniers payent un lourd tribut psychologique pour leur participation à l'instrumentalisation des corps, ils ne sont pas les seuls concernés. En ignorant ce qui se passe réellement dans l'ombre des rapports d'activité fracassants que véhicule la « communication » des institutions hospitalières, nous sommes tous engagés sans le savoir par ces pratiques. Et on ne peut pas mieux en cerner les contours et les enjeux qu'en passant par l'analyse du travail quotidien des équipes de réanimation.

Autre lieu, mêmes dérives. Dans les centres d'appels téléphoniques, la colonisation des activités de service par le travail répétitif sous contrainte de temps a une incidence redoutable parmi les salariés. Là encore, on retrouve la souffrance éthique. Mais les suicides perpétrés dans ces entreprises depuis des années ont désormais des conséquences significatives en aval sur celles et ceux qui continuent à y travailler, imprégnés désormais de la peur qu'ils suscitent. Ainsi se trouve franchie une nouvelle étape dans la souffrance au travail par rapport à ce qui était repérable auparavant. Là encore, nous sommes tous témoins de ces manières de faire, contraints de devenir un jour ou l'autre les clients obligés et bien souvent grugés de ces entreprises.

Nous avons choisi de rapporter les enquêtes effectuées récemment sur ces deux terrains parce qu'elles nous semblent particulièrement représentatives des dérives redoutables que nous voyons s'étendre dans un grand nombre de secteurs depuis quinze ans. Elles ont été effectuées par des chercheurs avec lesquels nous partageons une problématique scientifique ainsi qu'une culture théorique. Plutôt que des interprétations générales et synthétiques, il paraît utile de mettre à disposition du lecteur l'analyse en profondeur de deux situations de travail particulières. C'est la condition pour comprendre comment le travail des uns transforme la situation de tous, c'est-à-dire engage l'évolution de notre société tout entière et notre destin commun. Dans ces deux situations concrètes, on reconnaîtra facilement des caractéristiques propres à de nombreux autres secteurs d'activités, de la justice jusqu'à l'université, de l'élevage des animaux en batterie jusqu'à la grande distribution alimentaire.

Repérer ces dérives est une étape première. Toutefois, cette évolution ne serait pas possible sans que les directions d'entreprise bénéficient des efforts et de l'intelligence de ceux-là, précisément, qui travaillent pour elles. Comment est-il possible que les hommes et les femmes qui paient parfois de troubles psychopathologiques graves ces conditions de travail apportent tout de même une contribution décisive à l'efficacité d'un système qu'ils déplorent et qui les fait souffrir ? La question du consentement et des formes particulières que prend la servitude volontaire dans le monde du travail contemporain avait déjà été défrichée dans *Souffrance en France*. Dans le contexte actuel de déstructuration des solidarités dont il a été question précédemment, les stratégies *collectives* de défense contre la souffrance sont de plus en plus souvent hors d'usage. Il ne reste plus, alors, pour se défendre, que des stratégies défensives *individuelles*. Elles y parviennent dans bon nombre de cas. C'est pourquoi la plupart de ceux et celles qui travaillent dans les conditions actuelles parviennent à conjurer le spectre de la maladie. C'est aussi la raison pour laquelle le système continue à profiter de l'intelligence de chacun. Mais il s'avère que ces défenses individuelles engagent aussi le destin des collègues et ont, au-delà, des conséquences sociales et politiques majeures.

1

La normalisation du soin

Le travail dans un service de réanimation

Une enquête d'Isabelle Gernet et Florence Spira Chekroun

C'est à la demande du chef du service de réanimation, inquiet du turnover impressionnant dans le personnel et des difficultés de communication entre les soignants, qu'Isabelle Gernet et Florence Spira Chekroun sont intervenues récemment dans un hôpital de province. Pendant plusieurs mois, elles mènent régulièrement des entretiens collectifs avec le personnel paramédical et des entretiens individuels avec les médecins sur leur rapport au travail. Très vite, au cours de ces échanges, les soignants expriment une grande souffrance et relatent des épisodes de décompensation parmi certains de leurs collègues (délire, décès brutal, accident, passage à l'acte violent…), ainsi que des dysfonctionnements de l'organisation du travail qui ont de graves conséquences sur les soins prodigués aux patients.

Il faut dire que le contexte, marqué par la diffusion des nouvelles méthodes de gestion (« New Public Management »), à l'hôpital aussi, n'est pas propice à l'enthousiasme. Ces méthodes qui prônent le contrôle par des indicateurs, en vue de maîtriser le pilotage de l'entreprise, ont développé des outils fondés sur l'évaluation et la mesure des performances, aboutissant à la production de données chiffrées et permettant des ajustements entre les objectifs et les résultats de la production. La responsabilisation des acteurs dans le suivi, mais également la coordination et la planification du contrôle de l'activité, se déclinent aujourd'hui au sein des organisations privées comme publiques. En témoigne l'introduction de la tarification à l'activité de l'hôpital, visant à : « assurer une plus grande transparence dans le financement (financement lié à la production des soins) ; rendre le financement plus équitable (même prix pour le même service) ; améliorer l'efficience (incitation à mieux utiliser les ressources hospitalières)[1] ».

Jamais dans ces dispositifs récents il n'est fait référence à la matérialité du travail. Or le travail de soin, comme toute activité, se caractérise par un certain nombre de difficultés qui surgissent inévitablement dans l'exécution des tâches. Il existe toujours un décalage entre le travail prescrit et le travail effectif, ce qui permet de comprendre pourquoi les travailleurs ne s'en tiennent pas à l'exécution stricte des prescriptions. Dans le cadre de leur activité concrète, ils sont conduits à remanier leurs modes opératoires en inventant des ruses, des savoir-faire tacites et discrets qui leur permettent d'anticiper les obstacles, mais aussi de résoudre les difficultés qui perturbent l'exercice ordinaire du travail. Les imprévus, anomalies, incidents, dysfonctionnements, pannes, ou encore ce qu'on appelle aujourd'hui « bogues », constituent le « réel » du travail. Autrement dit, le réel se fait toujours connaître à celle ou celui qui travaille sous la forme de la résistance à la maîtrise, aux connaissances, aux savoir-faire mobilisés jusque-là. Une grande partie du travail de soin résulte donc de l'ajustement des pratiques aux imprévus et ne peut être prescrite à l'avance.

Dans l'univers de la réanimation, dominé par les références techniques, il s'agit pour les soignants de développer des habiletés singulières dans le maniement sensible des instruments et appareils (sondes, drains, moniteurs, respirateurs, etc.) sans « oublier » la dimension relationnelle[2]. Toute leur ingéniosité est ainsi mobilisée vers la recherche d'un compromis entre une manipulation des corps qui réponde à la rationalité instrumentale (efficacité et rapidité dans la pose de sondes par exemple) et l'entretien d'une vigilance vis-à-vis des états physiques et affectifs du patient. Comme la communication avec les malades ne peut être totalement médiatisée par la parole, elle nécessite de ce fait une attention à des détails très ténus : saisir les mimiques par lesquelles un malade exprime la douleur ressentie pendant des examens, continuer à saluer les patients, les appeler par leurs noms et leur parler alors qu'ils sont plongés dans le coma… Les interventions sur les corps pour les maintenir en vie peuvent en outre échouer et aboutir au retour du réel sous sa forme la plus tragique : le décès du patient dans la souffrance physique. Au sein de ce service, les soignants sont régulièrement confrontés à des situations extrêmes où les questions éthiques liées aux décisions de limitation ou arrêt des thérapeutiques et de prélèvement d'organes sont quotidiennes. Ils savent que « tout peut arriver ».

CHACUN DANS SON COIN

J'ai dit toute la matinée au médecin que ce patient n'était pas bien, il n'a rien écouté. Il est mort dans mes bras dans la chambre alors qu'il y avait sa mère à côté qui a tout vu. Il se débattait, j'ai pris des coups. Les choses auraient pu se passer autrement si le médecin avait écouté. Il serait mort plus doucement avec des moyens adaptés. Là, il a littéralement étouffé devant moi, c'était horrible ; le temps que le médecin arrive, j'étais toute seule. En plus, il avait un virus très contagieux et fulgurant. Il fallait mettre des masques pour entrer dans la chambre. J'ai eu peur de ramener le virus chez moi. Après, tout le monde m'est tombé dessus. La mère a dit qu'elle allait porter plainte, que c'était inadmissible, la façon dont son fils était mort. Les médecins m'ont demandé trente-six fois ce qu'il s'était passé, ils m'ont demandé de l'écrire. Et on pleurait, l'infirmière et moi. Moi, je l'aimais bien ce petit jeune homme. Quand il est arrivé, on a parlé, je lui ai dit : « Tu vas voir, ça va s'arranger. » Je ne savais pas qu'il était condamné. Il devait mourir, de toute façon, mais pas comme ça… J'ai mis plusieurs jours à m'en remettre.

À l'image de cette aide-soignante qui relate le décès d'un jeune homme atteint d'une méningite, les soignants doivent souvent affronter seuls ces épisodes tragiques, sans soutien du collectif, alors qu'ils sont de plus en plus nombreux à penser que les (trop) nombreux décès surviennent dans des souffrances qui auraient pu être évitées. Ces épisodes sont vécus de façon d'autant plus dramatique qu'il n'existe plus aucune discussion entre médecins et équipes paramédicales. La communication s'est délitée au fil du temps, et avec elle, une certaine forme de convivialité et de solidarité. Le chef de service, les anciens parmi les cadres se montrent très nostalgiques du passé, de l'époque où les équipes étaient « sur le pont ». Ils expliquent qu'il n'y a plus le même attachement, la même culture de service. « Avant, disent-ils, on était fiers de travailler ici. C'était le meilleur service de toute la région. L'équipe était soudée, impliquée. » Aujourd'hui au contraire, chacun fait son travail dans son coin, il n'y a pas de cohérence. Les cadres du service n'ont plus de réunions avec les médecins. Les paramédicaux n'assistent plus aux staffs depuis un an. Les médecins, eux, ne viennent presque plus faire de visites dans les chambres des patients. Les soignants constatent que les informations ne passent pas, qu'elles sont déformées : « Rien à voir entre le message originel et le résultat. »

En réanimation, la division du travail entre médecins et soignants assigne aux premiers la maîtrise technique et les éloigne du contact direct, de la réceptivité et de la disponibilité à la détresse d'autrui. Cette répartition des tâches a toujours existé. En effet, la réanimation, qui s'est constituée comme discipline médicale spécifique dans les années

1950, a été influencée par le modèle militaire. Cette filiation a contribué à forger l'idéologie virile du « combat contre la mort », qui a donné naissance à des stratégies collectives pour lutter contre la souffrance générée par la confrontation à la fragilité[3].

Cependant, le travail des soignants en réanimation exige une référence commune, en vue de réussir à construire, collectivement, le meilleur compromis entre efficacité technique et perception de la vulnérabilité. Ce qui est inédit dans ce service, c'est la perte de toute référence partagée. Inévitablement, le manque de coopération entre paramédicaux et médecins provoque de graves erreurs qui ne sont ni reprises dans l'« après coup », ni analysées.

De fait, il n'existe pas de lieu dans lequel les soignants puissent traiter des problèmes relatifs aux dérèglements de la communication, pas de lieu où parler du travail, des conflits, des désaccords, des problèmes d'organisation ou encore des dilemmes moraux auxquels ils sont confrontés au quotidien. Or, pour qu'un collectif de travail fonctionne, les membres qui le composent doivent disposer de règles communes sur lesquelles se fonder pour traiter les difficultés rencontrées dans l'exécution de leur travail. Avant même la présence simultanée dans le même espace de travail, c'est cette référence à des règles partagées qui structure d'ailleurs le collectif. À l'hôpital, sa forme habituelle est celle de l'équipe soignante, réunie en vue de la prise en charge des patients accueillis dans le service. La production de règles de travail communes nécessite l'existence de lieux dans lesquels les soignants puissent confronter leurs expériences respectives du réel et harmoniser leurs manières de faire, afin de résoudre les difficultés du travail. Mais dans ce service, les espaces formels et informels ont disparu, ce qui pousse les soignants à taire les problèmes et les contraint à un traitement individuel des imprévus. Les impasses de la communication, et les incidents qui en découlent, témoignent du clivage qui s'est instauré progressivement entre eux.

Le service de réanimation se situe au rez-de-chaussée dans une aile de l'hôpital. Les médecins, dont les bureaux sont installés dans un autre endroit, font leurs prescriptions sur ordinateur et se déplacent peu dans le service. Désormais les portes de leurs bureaux sont fermées, ils ne se parlent plus car leurs pratiques sont divergentes, et ils ont du mal à communiquer dans les staffs. Un nouveau logiciel a en effet été installé dans le service. Des prescriptions contradictoires – parce qu'elles sont formulées par des médecins différents en fonction de l'heure de la journée et des tours de garde – se trouvent notées simultanément sur la page dédiée du patient, ce qui fait que les infirmiers peuvent avoir du mal à identifier celles qu'ils doivent suivre.

Souvent, disent-ils, les médecins mettent des bêtises sur leurs prescriptions, ce ne sont pas les bons dosages, et puis, il y a des problèmes avec les ordinateurs, ils n'effacent pas les prescriptions précédentes… c'est à nous de corriger les choses…

Les décisions des réanimateurs peuvent également se contredire. Face à une situation d'urgence, les soignants ne savent alors plus ce qu'il faut faire (réanimer ou pas), en attendant l'arrivée du médecin.

Et puis, les visites des médecins auprès des patients sont de plus en plus rares. Un infirmier raconte :

Depuis l'arrivée des ordinateurs, c'est pire. Maintenant, les médecins ne voient quasiment plus les patients. Avant, ils étaient obligés de rentrer dans les chambres pour regarder le dossier, les prescriptions… maintenant ils ont tout sur l'écran, ils n'ont plus besoin de voir le patient. Ils pourraient continuer à prescrire alors que le patient est déjà gris… Ils ne font plus d'examen clinique. L'autre jour, il m'a prescrit d'enlever la sonde du patient alors que cela faisait trois jours qu'il n'en avait plus ! L'autre fois, il me parlait d'un patient alors que c'était une patiente !

SÉCURISER LE SOIN ?

Au sein des services en réanimation, la rationalisation et la normalisation de la qualité du soin ont été poussées de manière significative. Alors que le risque d'accident fait partie du travail réel, la pression des assurances, en réponse à la judiciarisation croissante dans le secteur de la santé, a contribué à transformer les pratiques[4]. Il s'agit principalement de chercher à « sécuriser le soin » par la maîtrise du risque d'accident, en évitant l'« erreur humaine ». L'introduction massive à l'hôpital des logiciels de soins répond d'ailleurs à cette injonction. Différents protocoles standardisés, parmi lesquels le recours à des outils statistiques, orientent aussi la prise de décision sur le maintien ou l'arrêt des soins. Ils indiquent également la tarification pour les activités de prélèvements et de greffes d'organes[5]. Mais c'est la mise en place des politiques publiques d'évaluation et d'assurance qualité, dont les médecins sont les principaux acteurs, qui a profondément modifié l'activité. Justifiées par les progrès rapides des connaissances médicales, la mise en place par la Haute Autorité de santé des conférences de consensus ainsi que la construction et la diffusion des recommandations pour la pratique médicale introduisent de fait un processus de normalisation des pratiques de soin. Les médecins sont fortement incités à suivre ces « standards de pratiques ». Ces normes viennent brouiller les critères fondés sur l'expérience du métier, habituellement partagés entre médecins et paramédicaux. Surtout, elles discréditent les opinions des professionnels, les rendent suspectes, du fait qu'elles ne résultent pas d'une synthèse objective de la littérature scientifique et de la médecine basée sur les preuves (« Evidence Based Medicine »). La description de la réalité qu'elle impose ne correspond plus en rien à l'expérience des soignants. Alors que la conformité des conduites et des procédures à ces standards est présentée comme la possibilité de limiter la responsabilité individuelle, elle accentue en réalité cette dernière. Un des médecins du service témoigne de cette mutation :

Lors d'une réunion de limitation des soins, j'étais le seul à ne pas vouloir arrêter les machines. Je ne pouvais pas dire pourquoi je ne voulais pas, je n'avais aucune preuve scientifique, juste une intuition. C'est terrible de se mettre en désaccord, il faut affronter le groupe et cela, c'est très difficile. Moi, je n'avais aucune preuve, mais la personne a survécu, elle est rentrée chez elle. Pas un seul des médecins n'a reconnu qu'il avait eu tort, ils ont fait comme si de rien n'était, ils ne sont pas capables de douter, je crois qu'ils ne peuvent pas. Maintenant, il y a des milliers d'études, d'articles, de protocoles qui viennent du monde entier. Ce sont des études scientifiques. Les nouveaux médecins ne sont pas dans le monde sensible, ils sont dans les protocoles, et prennent leur décision en fonction de cela. Quand je n'ai pas voulu arrêter les soins de ce patient, je le sentais, je ne pouvais rien affirmer d'autre. Maintenant, il y a des études contrôlées avec un bon niveau de preuves et des recommandations. On ne prend pas de risques en suivant les recommandations. On ne risque pas d'être accusé de s'être trompé. Il y a des conférences de consensus qui nous disent quoi faire. Ce qui compte, ce sont les études. Il n'y a pas de transmission, le savoir des anciens ne sert à rien. Ils s'en foutent. Ils se pensent tout-puissants et sont incapables de reconnaître leurs erreurs. À mon époque, l'avis des anciens comptait. Nous entre anciens ici, on le sait bien, et on peut se parler.

On retrouve là les conséquences du privilège accordé à la gestion dans les nouvelles formes d'organisation du travail : le renversement des rapports entre qualité et rentabilité, d'une part, l'accroissement de la responsabilisation individuelle dans les pratiques de contrôle, d'autre part, aboutissent en fait à une disqualification du travail, au déni du réel et à la perte progressive des références aux valeurs de métier. Certaines infirmières mentionnent ainsi l'obsession des médecins à remplir le service et à être rentable, elles évoquent notamment ce qu'elles désignent comme la « folie des dialyses », jugées parfois totalement inutiles, mais dont le nombre à effectuer est fixé à l'avance.

LA FUITE DANS L'ACTIVITÉ

La psychodynamique du travail l'a démontré, la qualité du travail vient de l'engagement subjectif des individus lorsqu'elle peut se fonder sur une conception partagée du sens donné à l'activité, lorsque les membres de l'équipe peuvent confronter leurs modes opératoires et leurs ruses dans des espaces dédiés à cette discussion, et forgent ensemble les règles de travail. Ces accords sur ce qui peut faire référence pour le collectif permettent d'ordonner les choix et les arbitrages et font naître la coopération. L'association de plusieurs accords normatifs permet de former des règles de travail, qui, articulées les unes aux autres, constituent elles-mêmes les règles de métier. Dans le travail de soin, l'éthique du métier rassemble des principes qui organisent les pratiques ordinaires et permet d'orienter la prise en charge de la vulnérabilité humaine. La qualité des soins n'est donc pas seulement liée aux modes d'organisation et à l'adoption de technologies, comme le laissent croire les sciences de la gestion, mais principalement à la délibération entre soignants.

Et il ne s'agit pas là d'un conflit théorique uniquement, mais bel et bien de contradictions réelles qui traversent les pratiques. Sans règles communes, la qualité n'est plus considérée comme un problème de travail qui engage l'ensemble des soignants. Le recours à des stratégies *individuelles* devient le seul mode de défense possible contre la souffrance générée par le travail en raison de l'effritement de toute dynamique collective. C'en est fini de la convivialité et de la solidarité, et des stratégies *collectives* de défense qui plaçaient au centre la sacralité du corps et de la vie humaine. En lieu et place des règles de métier, se multiplient aujourd'hui les « pétages de plombs » et « coups de gueule » individuels qui ne font l'objet d'aucune reprise ou d'aucun commentaire, comme si de rien n'était…

Ce qui suit est tout aussi connu. Dans ce service de réanimation, les problèmes de santé chez les soignants, notamment les burn-out, explosent, en particulier chez les anesthésistes-réanimateurs[6]. La surcharge de travail est dramatique. Les impératifs de gestion imposent des tâches supplémentaires qui ont un coût psychique en termes d'énergie, de concentration, d'efforts déployés pour répondre à la multiplication des prescriptions qui, par ailleurs, s'avèrent parfois contradictoires. La comptabilité impose des actes, présentés comme impératifs pour la qualité des soins, qui génèrent une concurrence entre les différentes unités de production (déclinées notamment sous la forme des pôles), soumises à des logiques de profit et de résultat. Ces tâches s'avèrent d'autant plus coûteuses psychiquement qu'elles sont effectuées au détriment du travail collectif d'une part, de la relation avec les malades et leurs familles d'autre part.

Dès lors, beaucoup s'engagent avec frénésie dans l'activité afin d'occulter ce conflit affectif. La surcharge sature en effet le fonctionnement psychique de telle manière qu'elle permet de faire l'économie de l'angoisse qui étreint l'individu lorsqu'il réfléchit au sens et à la finalité des pratiques auxquelles il apporte sa contribution. Comme les exigences relatives à la qualité et à la technicité du soin entrent sans cesse en contradiction avec la gestion des coûts, il s'avère très difficile de trouver une solution acceptable permettant de régler le décalage entre le prescrit et l'effectif. De plus, en l'absence d'une expérience partagée du réel et de la prise en compte des dimensions équivoques de l'activité, les modalités de la responsabilité se réduisent à l'identification de fautes individuelles. L'absence de référence à des règles fait ainsi obstacle à toute solidarité. Comment ne pas comprendre, dans ce contexte, que les soignants s'avèrent particulièrement angoissés par le risque d'erreur ? Dans ce service, quand un patient meurt, on s'accuse entre médecins et infirmiers.

L'autre nuit, un patient n'était pas bien, je suis parti en laissant le relais à mon collègue. Quand je suis revenu, le patient était mort. J'ai dit au médecin « j'ai l'impression qu'on a loupé quelque chose avec ce patient. Il m'a répondu : "oui, TU es passé à côté". »

Lorsque l'issue de la situation est incertaine, les arbitrages nécessaires deviennent dès lors impossibles. Dans un contexte d'isolement grandissant et de méfiance vis-à-vis des collègues, les soignants pratiquent la grève du zèle : ils font uniquement ce qui est prévu et limitent ainsi leur engagement subjectif.

Maintenant, dit une infirmière, il y a du découragement. Je dis une fois au médecin ce qui ne va pas chez le patient et après tant pis. Je sais que c'est le patient qui trinque mais que faire ?

Déstructuration de la coopération et disparition des solidarités conduisent ainsi à une dégradation de la qualité du soin prodigué aux patients. Mais cette dégradation touche également le rapport subjectif que les soignants entretiennent à leur travail.

LE MENSONGE COMME RÈGLE

Faire comprendre la gravité de son état à un patient, ou encore aux membres de sa famille, mobilise un maniement particulier de la communication qui amène les médecins et les soignants à « moduler » les détails de leurs explications, des gestes pratiqués, des techniques utilisées. Cependant, ce travestissement de la réalité a une limite, l'accord de tous sur sa finalité, qui fera que l'équipe ment « pour la bonne cause ». Et ces compromis réalisés par les soignants, en vue de résoudre les conflits de rationalité auxquels ils sont confrontés, dépendent de la qualité de leurs échanges sur la prise en charge des patients et de la finalité du soin. En l'absence de toute communication, le travestissement devient une stratégie qui a pour but de dissimuler des erreurs liées à l'organisation du travail.

Au cours d'une discussion, une soignante évoque la mort, survenue quelques jours auparavant, d'un patient présentant un handicap mental. Tout le monde le connaissait dans le service. Sa mère venait le voir chaque jour. Les infirmières sont révoltées parce qu'il est mort tout seul pendant la nuit. Le médecin présent n'a pas voulu appeler sa mère pour l'accompagner dans ses derniers instants malgré l'insistance et l'incompréhension des infirmières présentes. Quand la famille est arrivée le matin, elles ont dû mentir, trouver de fausses raisons. Du travestissement, on passe ainsi à la falsification, ce qui génère de la souffrance chez les soignants. Dans ce service, on a même basculé dans le mensonge et l'absence de délibération entre collègues n'en est pas la seule raison. En cause également la logique financière relative aux prélèvements d'organes, selon laquelle un corps, même mort, participe à la rentabilité du service par l'intermédiaire des activités de prélèvements et de greffes d'organes.

D'un point de vue historique, la réanimation a en effet contribué à l'essor de la « médecine de remplacement », en permettant de maintenir en vie d'autres organes du corps que le cerveau, dont la destruction permet de caractériser la mort[7]. La logique de tarification des organes fait surgir de nouveaux questionnements sur l'exploitation des corps et une forme de réification de l'humain. Si la menace de marchandisation des organes s'avère encore infondée[8], les progrès en matière de transplantation d'organes transgressent déjà les principes de propriété et d'inviolabilité du corps humain et dérivent vers un « possible recyclage des cadavres en stocks d'organes »[9]. La problématique des dons d'organes apparaît dès lors comme une question qui engage l'ensemble de la société[10].

Privés de la possibilité de rendre partageables et communicables ces questions éthiques comme les enjeux psychiques liés à leur travail, les soignants souffrent. La coopération ne se réduit pas à l'addition des intelligences individuelles, elle permet l'intervention des collègues quand une erreur est commise, car des erreurs se produisent de facto. Si lorsqu'elle fonctionne, elle accroît les possibilités de faire face au réel. À l'inverse, lorsqu'elle s'éteint, elle laisse place à la solitude qui augmente le sentiment d'insécurité de chacun. En situation, l'éthique réside moins dans des valeurs ou des règles inamovibles que dans la manière dont chacun contribue, dans sa pratique, à stabiliser et faire évoluer les règles de travail. Le terme de souffrance éthique, rappelons-le, désigne la souffrance que le sujet éprouve lorsqu'il se trouve entraîné à agir à l'encontre de son sens moral, en raison de sa participation à des actes injustes ou préjudiciables à autrui. Si cette souffrance explose dans les organisations du travail contemporaines, c'est d'abord à cause de l'individualisation et de la solitude induites par les méthodes de gestion.

LA HAINE DE SOI

La confrontation régulière à la mort, aux décisions de limitation thérapeutique, aux dilemmes moraux, souvent liés à l'accroissement des impératifs gestionnaires, est alors supportée par les soignants au prix de la mobilisation d'une partie importante de leur activité psychique au service de la construction de défenses. Dans les services de réanimation, les idéaux virils de maîtrise et de puissance sont classiques pour supporter la confrontation à la souffrance des malades, l'expérience du pouvoir de disposer de la vie et de la mort de l'autre et le risque d'en jouir. Ces défenses ont toutes des effets anesthésiants sur la capacité de penser les questions éthiques en lien avec l'activité de travail. La pensée capitule et l'identité singulière ne s'en trouve pas bouleversée. Le refus de penser la contradiction entre ce que le sujet estime devoir faire et ce qu'il est conduit à faire effectivement d'un côté, la mise en suspens du travail de la pensée de l'autre, prennent soit la forme d'une collaboration active à l'organisation qui pourtant fait souffrir, soit la forme d'une participation plus passive qui protège le clivage psychique.

Mais quand il n'est plus possible de mobiliser les défenses collectives, que se passe-t-il ? Lorsque le sujet exécute des tâches que pourtant il réprouve, lorsqu'il apporte son concours à un système considéré comme injuste et contraire à ses valeurs, il fait l'expérience de la trahison de soi[11]. Et cette trahison, qui comporte dans son sillage la haine de soi, représente un risque psychopathologique majeur. En raison de sa participation à un travail auquel il ne parvient plus à conférer de sens, le sujet se trouve ainsi amené à œuvrer au service d'une activité qui vise à déshonorer la vie[12] et la culture.

Dans ce service de réanimation, les patients se trouvent instrumentalisés, mais les soignants aussi. La dégradation de la qualité du travail de soin aboutit en réalité à une augmentation du nombre d'incidents graves avec des patients, mais également à une aggravation des problèmes de santé mentale des soignants dont les suicides, pourtant nombreux, ne représentent que la partie émergée. La souffrance éthique, palpable au cours des entretiens, traduit la tension extrême dans laquelle ces derniers se trouvent du fait des contraintes de l'organisation du travail. La surcharge de travail révèle ici toute son ambiguïté, caractéristique d'une construction défensive : elle contribue à occulter les conflits éthiques générés par l'activité et à éviter des manifestations trop fréquentes d'hostilité et d'agressivité entre collègues ou en direction des patients, mais isole dans le même temps les soignants dans des conduites individuelles. En d'autres termes, l'absence de délibération sur le travail réel est à la fois compensée et entretenue par l'activisme.

Il arrive cependant que le rapport au malade s'impose et traverse alors ces défenses individuelles, comme dans le cas de cette aide-soignante qui assiste impuissante à la mort solitaire du jeune homme atteint d'une méningite. Mais en l'absence de solidarité, le poids de la responsabilité individuelle face à une situation que pourtant le soignant ne maîtrise pas s'avère particulièrement risquée sur le plan subjectif. Quand il n'est plus possible de dissimuler les problèmes rencontrés, les efforts défensifs mobilisent des investissements extrêmement coûteux pour le fonctionnement psychique de chacun. Dans ce service, un médecin fera ainsi une bouffée délirante : au cours d'un épisode érotomaniaque, elle insulte et menace d'agresser les infirmières avec lesquelles elle travaille, convaincue qu'elles empêchent le chef de service de lui déclarer sa passion amoureuse. Quelques semaines après cet épisode, elle revient travailler, et un mois plus tard, elle meurt chez elle d'une rupture d'anévrisme. Ses collègues se cotisent alors pour acheter une plaque commémorative qui sera apposée dans le service. La plaque s'installe en lieu et place de ce qui ne peut être pensé par les uns et les autres, mais que pourtant chacun d'entre eux reconnaît comme participant de leur expérience.

Le passage à l'acte suicidaire reste l'expression la plus tragique de la déstabilisation du clivage dans laquelle se trouve alors le sujet. L'impossibilité de penser la contradiction entre la jouissance ressentie à exercer un pouvoir de vie et de mort sur les corps des patients, et la référence à l'ethos professionnel qui vise à honorer la vie aboutit à une crise des soubassements éthiques de la personnalité. C'est alors l'identité qui court le risque d'être déstabilisée. La crise psychopathologique qui en résulte peut, nous l'avons dit plus haut, prendre différentes formes, jusqu'au suicide. Autant dire que ces différents modes de réponse, jusqu'au raptus suicidaire, ne sont pas l'apanage de personnalités particulièrement sensibles aux évènements extérieurs, comme on le laisse souvent entendre. La trahison de soi, qui naît de la compromission des valeurs du sujet, est un risque auquel peuvent être confrontés des sujets pourtant « non prédisposés » au passage à l'acte. Face à la dégradation majeure de la qualité du travail qui touche actuellement bon nombre de secteurs d'activités, en particulier les activités de service, on peut bien plutôt s'étonner que les morts ne soient pas plus nombreux. Face aux pratiques d'instrumentalisation des corps en réanimation, comment les soignants font-ils pour éviter que les décompensations ne se multiplient davantage ? Quels sont les ressorts psychiques mobilisés pour conjurer la violence ? Et quel monde, quelle culture produisons-nous en nous dégageant de la responsabilité de prendre en charge la vulnérabilité ?

Si la situation clinique de la réanimation engage des pratiques professionnelles singulières, elle se présente aussi comme une loupe grossissante des mutations qui affectent le rapport subjectif au travail dans les organisations contemporaines. Le travail ne peut jamais se réduire à une pure activité de production d'un bien ou d'un service. Il mobilise l'ensemble de la personnalité, avec à l'horizon, la possibilité de l'accomplissement de soi, ou au contraire de sa destruction. Il engage la subjectivité tout entière, mais aussi le destin de l'autre.

2

Rendre service ou vendre du service ?

Le travail dans un centre d'appels téléphoniques

Une enquête de Duarte Rolo et Stéphane Le Lay

On le sait, accéder au terrain, pour des chercheurs, se fait rarement sans obstacles. Les accueillir sur un lieu de travail suppose, de la part des directions d'entreprise comme des salariés, une confiance, un intérêt et un désir de partager des connaissances pratiques, que tous préfèrent parfois conserver dans l'entre-soi du collectif de travail. Pour autant, l'extrême difficulté à mettre sur pied l'investigation dont il va être question doit être mentionnée en préambule. En effet, en dépit d'efforts répétés, via des canaux variés, il a été impossible, dans un premier temps, de rassembler un nombre suffisant d'employés pour constituer des collectifs de volontaires au sein de centres d'appels téléphoniques. Soit parce que l'entreprise ne se montrait pas encline à libérer les salariés sur leur temps de travail, en raison des exigences de productivité, du manque d'effectifs ou d'horaires de travail inconciliables. Soit parce que le recrutement de volontaires ne pouvait s'effectuer, les salariés ne se présentant pas pour participer aux groupes de discussion. Si le premier obstacle est banal, le second est plus rare. Souvent, les salariés se saisissent volontiers de cette possibilité, a fortiori si cela permet d'amorcer une transformation de l'organisation du travail. Force était de constater, dans le cas des centres d'appels, qu'ils n'avaient guère envie d'occuper l'espace de discussion ainsi proposé. Dans ces conditions, la conduite d'une enquête visant à comprendre les rapports entre la souffrance et les situations de travail semblait impossible.

Pourtant, après de nombreux refus, une élue du Comité d'hygiène, de sécurité et des conditions de travail (CHSCT) d'une entreprise privatisée a formulé une demande. Cette déléguée syndicale était particulièrement inquiète face à l'escalade des manifestations de souffrance au travail dans son service : crises d'angoisse, pleurs, arrêts maladie pour dépression, violences entre collègues, tentatives de suicide. Grâce à son intervention, et sans l'accord de la direction, une investigation a pu être menée durant six mois, au rythme d'une réunion mensuelle de deux à trois heures, tenue dans des locaux retenus au titre du CHSCT. Nous avons rencontré un groupe de huit salariés volontaires appartenant au centre d'appels de cette entreprise, sept femmes et un homme, dont deux syndiqués. Tous revendiquaient un regard critique vis-à-vis de l'organisation du travail et des orientations stratégiques prises depuis quelques années par les directions successives. Leur ancienneté les autorisait à pointer ce qu'ils considéraient comme un hiatus entre une éthique de métier tournée vers le service à l'usager et les nouvelles attentes, principalement commerciales, relayées par les supérieurs hiérarchiques.

AU ROYAUME DE LA PERFORMANCE

L'entreprise en question assure la commercialisation de biens et de services, au sein d'un grand nombre de centres d'appels téléphoniques, qui rassemblent entre vingt et deux cents salariés[1]. Les dernières années, les directions successives ont procédé à la réduction drastique et rapide de la masse salariale (20 % en deux ans, tous métiers confondus). Tous les moyens possibles ont été utilisés pour parvenir à ce résultat, mais les managers ont tenté, dans un souci d'économies, d'obtenir un maximum de démissions, de « départs volontaires » et de licenciements pour faute (donc sans indemnités). Sans cibler de groupes particuliers, compte tenu de la proportion importante de personnel dont elle voulait se débarrasser, la direction a employé de façon systématique des techniques de gestion du personnel et de management visant à déstabiliser psychologiquement les salariés. Il s'agissait d'entretenir un climat volontairement anxiogène pour éliminer les éléments les moins productifs ou les moins robustes. Parmi ces outils, elle a imposé la multiplication des épreuves d'évaluation individuelle et quantitative des performances, ainsi que la mise en concurrence permanente des téléconseillers.

En ce qui concerne l'activité des conseillers, trois objectifs sont clairement énoncés : la satisfaction du client, sa fidélisation et la vente de nouveaux équipements, contrats et services payants[2]. Aussi, un appel sur quatre, au minimum, doit aboutir à une vente, même lorsque le client n'appelle pas un service commercial, mais un service après-vente. Dans certains cas, faire remplacer un contrat en cours par un contrat moins coûteux peut être ainsi comptabilisé comme une vente. Très vite, le troisième objectif a phagocyté les deux premiers, davantage tournés vers la qualité de service au client. Pour preuve, les conseillers sont principalement évalués sur leur capacité à placer les produits considérés comme prioritaires par les managers, à multiplier le nombre de ventes, donc à engranger du chiffre d'affaires et à accroître la productivité du travail. Pour aiguillonner le « sens commercial » des vendeurs, chacun d'entre eux se voit attribuer un objectif, constamment affiché sur son écran. Cette incitation individuelle se trouve en outre redoublée par l'existence d'objectifs d'équipe. Ainsi, en fonction de ses performances, chaque vendeur obtient des primes, qui déterminent la part variable de son salaire. Ces primes sont individuelles (en lien avec ses objectifs de vente) et collectives (en lien avec les objectifs de l'équipe).

Régulièrement, les vendeurs sont classés les uns par rapport aux autres en fonction de leurs performances et de leur taux de réussite par référence à l'objectif assigné. Ce classement est envoyé à tous les salariés par le biais de la messagerie électronique interne et les noms des plus mal classés figurent en rouge sur les écrans d'ordinateur ou sur un tableau installé au centre de la plateforme, selon les circonstances. Pour ceux qui n'occupent pas le haut du classement, s'installe progressivement un doute sur la qualité de leur travail, leur valeur professionnelle et la justesse de leurs méthodes et façons de faire. Or, les salariés rencontrés expliquent que les objectifs en termes de ventes ne peuvent être atteints sans manipuler le client. Accéder aux gratifications délivrées par la hiérarchie et aux primes et avancements nécessaires à la progression de carrière nécessite de duper les clients, d'organiser le mensonge : vendre des produits sans intérêt pour leur usage, fournir des informations erronées, souscrire des options payantes à la place du client et sans son consentement. De ces procédés, tous les salariés sont informés, mais certains cherchent à les dissimuler pour en conserver un usage aussi individuel que possible. Grâce à leur ingéniosité, certains vendeurs parviennent à des performances éblouissantes aux yeux des collègues, d'autant qu'elles s'accompagnent de primes commerciales qui doublent parfois leur salaire.

A contrario, d'autres conseillers – dont les volontaires pour cette enquête – sacrifient le plus souvent les impératifs de vente à l'authenticité de la relation au client. Attachés à une éthique professionnelle fondée sur la relation de service (où la compréhension de la demande et sa résolution priment dans les actes de métier), ils peinent à s'accommoder de ces nouvelles pratiques. Leur priorité n'est pas l'atteinte des objectifs, mais la satisfaction du client, ce qui se traduit par une moindre contribution aux résultats commerciaux de l'équipe. Certains des vendeurs et des superviseurs sentent que ces collègues constituent un frein à la performance économique collective et les empêchent d'aspirer à des primes monétaires plus élevées. L'animosité, la concurrence et le ressentiment s'installent alors au sein des équipes, rendant le travail collectif et la coopération difficiles, voire impossibles. Par ailleurs, pour les salariés qui font encore référence aux règles de travail du conseiller clientèle, la contrainte à duper le client fait naître une véritable « souffrance éthique », qui signale le désaccord grandissant entre ce qu'ils estiment devoir faire et ce que, malgré tout, ils finissent par faire. Non loin alors, la haine de soi, éveillée par l'expérience de la trahison de ses propres valeurs, qui représente un risque psychopathologique majeur…

ACTIVISME ET IDÉOLOGIE DÉFENSIVE

Les pressions d'ordre commercial rendent nécessaire, pour les salariés, le recours à différentes stratégies défensives. Pour des raisons en partie liées à l'histoire de l'entreprise, en particulier aux modifications dans les modes de recrutement et aux formes de déstabilisation des collectifs de travail, l'usage de stratégies défensives collectives contre la souffrance est de moins en moins possible.

L'exigence de résultats quantitatifs, la multiplication des contraintes en termes de productivité et de rendement conduisent en effet certains salariés à se lancer dans une course frénétique à la performance. Cette hyperactivité productive remplit alors une fonction défensive majeure[3]. Qu'on la nomme « activisme », « hyperactivité », « présentéisme », « bougisme », « auto-accélération » ou tout simplement « boulimie de travail », il faut entendre par activisme la participation personnellement consentie à la surcharge de travail[4]. Autrefois identifiée dans le travail industriel sur les chaînes de montage et les machines outils, cette stratégie défensive individuelle se retrouve à présent dans les activités de ce type également. L'engagement maximal dans l'« abattage d'appels » et la vente à outrance permet, d'une part, de se conformer aux objectifs et aux cadences prescrites et, d'autre part, d'empêcher la pensée. En effet, la mobilisation de l'ensemble des ressources de l'appareil psychique au service du rendement empêche toute autre pensée de refaire surface.

Cette stratégie individuelle se double de stratégies collectives de défense qui influent considérablement sur les relations au sein des équipes. En effet, les salariés rencontrés décrivent tous la même division : d'un côté, ceux qui se considèrent comme des « vendeurs », par opposition aux « fonctionnaires » ou aux « glandeurs » ; de l'autre, ceux qui s'intitulent « conseillers clientèle » et qui dénoncent les modes opératoires des premiers, qu'ils qualifient de

« fourgueurs ». Les « conseillers clientèle » condamnent les méthodes des « fourgueurs », qui, à coup de ventes forcées et d'abus commerciaux, « explosent » les objectifs de vente, s'adjugeant de juteuses récompenses matérielles. De leur côté, les « vendeurs » se conçoivent comme la vraie force économique de l'entreprise, à l'inverse des « glandeurs », qui, prompts au « mauvais esprit » et à la « résistance au changement », freinent le développement économique de la société. Les deux camps se méprisent mutuellement, et l'hostilité règne sur la plateforme téléphonique.

Ceux qui se désignent comme des « conseillers » parviennent, grâce au mépris dont ils sont la cible de la part des « fourgueurs » et de l'organisation du travail, à se considérer comme des résistants. Dénigrés de façon récurrente par l'autre camp, ils sont confortés dans une position de persécutés par ces attaques qu'ils font valoir comme une forme d'absolution morale. Parvenant à se penser comme d'« héroïques résistants » plutôt que comme des « collaborateurs dociles », face aux prescriptions immorales et aux managers corrompus, ils en arrivent, dans le même mouvement, à occulter sur la scène psychique leur degré de participation au système : contrairement à celles des « fourgueurs », leurs mains sont propres. À l'autre pôle, les « vendeurs » voient dans l'antipathie des « glandeurs » de bonnes raisons pour se concevoir comme les vrais moteurs du succès de l'entreprise. Cette antipathie serait motivée en partie par la jalousie à leur égard. Car, grâce à leur dévouement, à leurs efforts, à leurs talents et à leurs performances commerciales remarquables, ils sauvent le service du naufrage économique, auquel il serait voué s'il était laissé aux mains des « glandeurs ». Leur mobilisation en faveur de la survie économique de l'entreprise les oppose naturellement aux « conseillers », « dinosaures » dénués de tout réalisme économique.

En résumé, deux groupes s'affrontent, qui pratiquent une dénonciation constante des autres, tout en célébrant les postures morales de leurs propres membres. Dans des discours et des comportements antagoniques, les « vendeurs » et les « conseillers » revendiquent une forme d'héroïsme aux fondements différents : les uns en raison de leur sens du devoir vis-à-vis de l'entreprise, les autres en raison de la protection des clients et des valeurs du métier. Aussi se retrouvent-ils sur un évitement de la discussion collective sur le travail stricto sensu. Le combat pour préserver la santé passe par une projection des causes du mal sur les « autres » (les « fourgueurs », les « glandeurs », les superviseurs, les managers, etc.) qui se voient de ce fait confinés au rôle d'adversaire attitré. Les coupables étant identifiés, les récriminations mutuelles induisent un déplacement du conflit : d'un problème de travail, il devient un problème interpersonnel. Le jeu en miroir de ces idéologies défensives permet aux uns comme aux autres d'atténuer leur souffrance. En outre, la focalisation du différend sur les relations antagoniques entre collègues empêche la volonté commune de s'opposer aux ordres reçus. Cette radicalisation des stratégies de défense – dont l'objectif n'est plus seulement d'endiguer la souffrance, mais également d'assurer l'adhésion de tous les membres de son « clan » à l'idéologie défensive et à la lutte contre l'adversaire désigné – permet de faire l'économie d'une discussion sur le travail, ses difficultés, ses contradictions.

Toutefois, il importe de dire un mot de tous ceux qui échappent à cette radicalisation des défenses. D'une part, ceux qui finissent par tomber malades, faute de réussir à se conformer à ce contexte antagonique : les décompensations psychiques et les maladies somatiques graves (pouvant aller jusqu'à la mort sur le lieu de travail pour cause d'accident cardiaque) atteignent bon nombre de salariés sur cette plateforme. D'autre part, ceux qui choisissent de quitter l'entreprise et qui parviennent ainsi à préserver leur santé au prix fort du renoncement à leur emploi et à leurs droits sociaux.

MEILLEURS JOUEURS, MEILLEURS ÉLÈVES

Malgré tout, tous les salariés du centre d'appels ne se reconnaissent pas dans cette idéologie défensive organisée autour de la désignation d'adversaires. Pour tenir leur poste, ils peuvent alors se lancer dans l'activisme, comme on l'a indiqué plus haut. Pour autant, cette stratégie individuelle est insuffisante, à moyen terme. La question est donc de savoir comment ils arrivent à lutter contre la souffrance éthique.

C'est là sans doute la découverte de cette enquête : un montage défensif original, au centre duquel se trouvent des challenges commerciaux mis en place par l'entreprise. Dans ce centre d'appels, la tâche des téléopérateurs est encadrée en permanence par des impératifs commerciaux régulièrement renouvelés qui se doublent d'objectifs temporaires introduits par des challenges. Ces derniers consistent, d'une part, en des défis commerciaux d'une durée limitée, où les objectifs de vente portent sur des produits particuliers à placer auprès des clients, et, d'autre part, en une promotion d'activités récréatives sur les lieux de travail. Ainsi les challenges associent-ils une technique d'aiguillon des ventes et un outil de motivation des salariés.

Le contenu des challenges est variable, mais les récompenses qui leur sont associées prennent souvent la même forme. Aux premiers du ranking, on accorde quelques minutes de détente pendant lesquelles, à la vue de tous, ils pourront se consacrer à des activités ludiques, comme jouer sur une console de jeux vidéo, profiter d'un fauteuil à massage ou piloter un hélicoptère en version miniature au-dessus de la tête des collègues du plateau. Autre illustration : lors de chaque succès commercial, les téléconseillers se voient délivrer un drapeau en miniature. Chaque drapeau a une couleur différente. Le premier qui obtient la combinaison de couleurs définie par les animateurs bénéficie de la récompense associée au challenge. Dernier exemple : pour chaque placement de produit, les téléconseillers acquièrent le droit de tenter leur chance dans des shoots, un panier de basket étant installé au centre du plateau à cet effet.

Pour compléter ces jeux individuels, d'autres sont organisés sous la forme de challenges collectifs faisant appel à l'esprit d'équipe et affichant l'objectif de « souder les troupes ». Dans certains cas, ces dispositifs privilégient la compétition entre équipes : les différents groupes doivent faire preuve de solidarité et d'entraide pour vaincre leurs collègues-concurrents. On peut citer ici le challenge « Coupe du monde » organisé au moment de la coupe du monde de handball : chaque équipe sur le plateau devient, le temps de cette compétition sportive, l'équivalent d'une nation devant se mesurer aux autres participants, les résultats des matchs étant décidés par le nombre de ventes réalisées. Dans d'autres cas, c'est la compétition interne à chaque équipe qui est stimulée : les salariés d'un même collectif de travail sont alors invités à se comparer les uns aux autres. Citons, par exemple, le challenge du « plus beau bébé » : chaque opérateur doit apporter des photographies de lui lorsqu'il était nourrisson. Par la suite, l'équipe procède à une élection consacrant le plus beau bébé, élection qui permet d'établir un classement des salariés d'un même collectif de travail. Il arrive également que les challenges collectifs promeuvent une sorte de carnaval interne à l'entreprise : ainsi, de temps à autre, les salariés sont invités à venir travailler déguisés.

Le plus souvent, des thématiques imposées par les managers orientent le choix des costumes, sachant qu'il peut y avoir des thèmes communs à toute la plateforme ou des motifs propres à chaque équipe, avec des prix à la clé pour les meilleurs accoutrements.

Des primes et des récompenses sont offertes aux vainqueurs des différents jeux : pour les challenges plus importants, elles peuvent être considérables (voyages, appareils électroménagers, etc.), mais, la plupart du temps, elles se limitent à des porte-clefs, des clés USB, des bons d'achat dans des magasins de grande distribution, voire une parka à partager entre les membres d'une même équipe… Ces pratiques, qui rappellent les jeux-concours diffusés par certaines chaînes de télévision, sont encadrées par des animateurs commerciaux, chargés de maintenir l'engagement, la motivation et l'enthousiasme de chacun. Bien que la participation ne soit pas obligatoire, elle est fortement conseillée. Ainsi, ceux qui se soustraient aux challenges sont accusés de nuire à la bonne ambiance collective. Ostracisés, ils font de surcroît figure d'ingrats : on leur laisse entendre que, au lieu de se plaindre constamment de la pression et du climat oppressant sur les plateformes, ils feraient mieux de profiter des moments de détente gracieusement offerts par l'entreprise, qui apporte ainsi les preuves de sa préoccupation sincère à l'égard du bien-être des salariés. Car ces dispositifs ludistes[5] sont présentés par la hiérarchie comme des moments de véritable convivialité, permettant à chacun de s'abstraire temporairement de la dureté du travail. Ainsi l'implication de tous les salariés dans les challenges devrait-elle contribuer à la bonne humeur collective et à une ambiance motivante, propices à des performances professionnelles optimales.

Marqués par la puérilité des thèmes et des comportements mis en scène, ces dispositifs produisent, chez certains salariés, l'effet inverse. L'ensemble les confronte en effet à un infantilisme qu'ils jugent inadéquat à leur condition de salariés adultes. Les prix adjugés sur un mode condescendant aux « meilleurs élèves », la déconsidération affichée vis-à-vis de leurs capacités professionnelles, le désaveu de leur autonomie et de leur professionnalisme, voire de leur dévouement au service de l'entreprise, représentent autant d'offenses difficiles à encaisser. Les challenges leur semblent renvoyer à une situation scolaire où la déférence et la docilité sont burlesquement récompensées. L'infantilisation – qui, naturellement, n'est pas présentée comme telle par la hiérarchie – remplit une fonction centrale à l'égard du dispositif complexe des challenges. Seule l'acceptation de celle-ci, voire sa promotion, permet à ces jeux compétitifs de se dérouler sans accrocs, et d'assurer ainsi leur rôle productif.

« DES JEUX ET DU PAIN »

En fait, la fonction de ces jeux puérils est liée aux défenses érigées par les salariés pour combattre la souffrance éthique[6].

Ces jeux sont proches de ceux que l'on pratique à l'école primaire ou au collège, et l'implication de salariés adultes dans ce registre régressif est un moyen puissant pour empêcher une discussion mature sur les questions d'éthique professionnelle. De toute évidence, l'immaturité intellectuelle sollicitée par la participation aux challenges entraîne une démission de la pensée, mise au service des défenses. L'infantilisation incite chacun à se débarrasser des sujets encombrants, au même titre que l'on épargne aux enfants la responsabilité de décisions qui incombent in fine aux adultes.

Mais cette stratégie de défense a une particularité. En général, comme de nombreuses recherches l'ont montré, les comportements ludiques repérés sur les lieux de travail ont une visée essentiellement subversive. Ils se construisent autour d'une volonté commune d'opposition à l'organisation du travail et tendent à conquérir des espaces d'autonomie et des marges de manœuvre pour le compte des salariés. Ces stratégies collectives de défense sont le produit de l'initiative des travailleurs : elles sont construites, organisées collectivement et réglées par ces derniers. Et, le plus souvent, les conduites qu'ils inventent défient frontalement les règlements et les ordres, raison pour laquelle l'encadrement les condamne régulièrement, quand elles ne font pas l'objet de sanctions. Ces conduites paradoxales sont toujours interprétées par le management comme des manifestations de désobéissance, de provocation ou d'indiscipline, dans la mesure où elles entrent en conflit avec l'ordre social que la hiérarchie est chargée de faire respecter.

D'une façon étonnante, cette stratégie de régression infantile utilisée dans les centres d'appels entretient, elle, l'ordre social en vigueur dans l'entreprise plus qu'elle ne s'y oppose. En effet, par le biais des jeux, cette stratégie défensive est planifiée, organisée et mise en œuvre par l'encadrement plutôt que par les salariés, qui ne font qu'adhérer à un dispositif déjà monté de toutes pièces. Ces activités récréatives se déroulent généralement dans un endroit visible de tout le monde (au centre du plateau d'appels, par exemple) et leur existence est amplement communiquée à l'ensemble des salariés, qui sont fortement encouragés à y participer. Car, de fait, l'efficacité de ces jeux repose sur leur visibilité. Ils doivent donc prendre place publiquement, sous le regard attentif de tous. L'effet d'affichage en représente une composante essentielle : les actes puérils et ridicules doivent se dérouler autant que possible devant les collègues, les supérieurs hiérarchiques, voire la famille, conviée dans certaines occasions à apporter son concours aux manifestations de convivialité organisées par l'entreprise.

Aussi la stratégie de la régression infantile emprunte-t-elle, par rapport à ce qui est habituellement observé au niveau des conduites défensives, le chemin inverse : elle n'est plus une construction venue du bas et visant à faire face aux contraintes du travail, mais une méthode préfabriquée, prête à l'emploi, prévue dans l'organisation du travail elle-même. Visiblement, elle est acceptée parce qu'elle apporte un soulagement à la souffrance éthique dans une configuration professionnelle où les téléconseillers peinent à mutualiser les ressources défensives. Sous la pression des chiffres, l'entraide, la solidarité et la coopération ont été réduites à peau de chagrin. Dès lors, la stratégie est apportée clefs en main par des animateurs désignés d'en haut, plutôt qu'inventée par le collectif de travail. Se trouve ainsi constituée une configuration originale, où la défense contre la souffrance n'est pas une production de l'être souffrant, mais un prêt-à-porter psychique conçu, introduit et offert par la direction. Grâce à cette prothèse substitutive, chacun peut se dédouaner de sa responsabilité. Néanmoins, comme toutes les stratégies collectives de défense, la stratégie de la régression infantile est marquée du sceau de l'ambivalence : d'un côté, elle est utile, voire nécessaire, pour maîtriser la souffrance ; de l'autre, elle fonctionne comme un moyen puissant pour endurer et apporter son concours à une organisation du travail dont les salariés risquent de faire les frais. Ainsi, l'abrasion du pouvoir de penser, de critiquer, de s'opposer conduit-elle à une forme de docilité qui relève en propre de la soumission.

UN PIED-DANS-LA-PORTE

D'après les descriptions effectuées par les salariés rencontrés, l'efficacité des challenges repose sur un maniement subtil de la menace et de la récompense, et sur des formes de manipulation des salariés. En obtenant des téléconseillers leur participation à des jeux et des concours, apparemment anodins, la hiérarchie entraîne les salariés dans une spirale d'engagement, phénomène décrit par les travaux de la psychologie sociale[7]. Au départ, un acte d'une insignifiance bénigne : se déguiser, partager des photos personnelles avec des collègues d'équipe, confectionner et manger des gaufres lors d'un moment de détente… Au premier abord, on voit mal pour quelles raisons les salariés refuseraient de prendre part à ces activités inoffensives. Pourtant, ce premier accord agit comme un pied-dans-la-porte, c'est-à-dire un premier acte peu coûteux qui les dispose à réaliser par la suite d'autres actes dont le coût subjectif est plus élevé : la première sollicitation, apparemment insignifiante, marque l'entrée dans le processus d'engagement. L'assentiment initial déclenche la compromission avec les desseins de l'organisation du travail, volontairement et au vu de tous : à compter du moment où ils consentent à participer aux challenges, les téléconseillers sont engagés dans un chemin qui amènera nombre d'entre eux à accepter de tromper les clients (si toutefois ils n'acceptaient pas déjà de le faire).

Qu'on leur laisse le choix de participer ou non aux challenges n'est d'ailleurs pas un hasard. Grâce à cette possibilité d'agir de plein gré, l'encadrement renforce le processus d'engagement. Les challenges sont organisés publiquement pour cette raison même : le spectacle doit se dérouler sous les yeux de spectateurs attentifs, pour que la participation des uns entraîne les autres à devenir des témoins consentants. La soumission étant volontaire (la non-participation aux challenges n'est pas passible de sanction), les téléconseillers ne peuvent plus, par la suite, rejeter la responsabilité de leurs comportements sur un facteur externe : ils ont pris part à ces activités ludiques de leur plein gré. Une fois le spectacle consommé, le retour en arrière n'est plus envisageable et la complicité inavouable. Car le coût psychique d'une telle opération serait beaucoup trop élevé. Engagé jusqu'au ridicule, rebrousser chemin impliquerait pour chacun de reconnaître le leurre dans lequel il est tombé, comme l'iniquité des actes perpétrés au nom de l'entreprise. Le prix d'un désengagement apparaît alors tellement élevé qu'il devient plus aisé (et moins accablant sans doute) de procéder en sens inverse, en renforçant l'engagement. Celui-ci peut alors prendre la forme d'une surenchère, d'une participation enthousiaste et démonstrative à l'ensemble des challenges et jeux organisés par l'entreprise. Et ces conduites exubérantes des serviteurs zélés redoublent à leur tour la rationalisation défensive qui vise à étouffer le conflit psychique.

Cette imbrication entre les stratégies défensives des salariés et les techniques de manipulation mises en œuvre par l'organisation du travail soulève des problèmes politiques considérables, au premier rang desquels figure ce constat : l'obtention de la soumission se passe aisément du recours à la force ou à la violence. Sans usage de la force, ni même de la menace de représailles violentes, le travail du mensonge et la soumission sont rendus désirables. L'orchestration de la soumission passe, au contraire, par la mise en place de dispositifs qui couplent la manipulation et le maniement des récompenses. S'ajoute à cela la souffrance éthique générée par les contraintes de travail et les procédures défensives développées par les salariés pour contrer ladite souffrance. L'articulation finale entre les différents étages de l'entreprise de soumission est d'une efficacité redoutable. Par ailleurs, l'organisation du travail opère de cette façon un renversement inouï : la dépression ambiante causée par les suicides et les décompensations des collègues se convertit, en apparence, en euphorie et réjouissance. De même, l'empêchement de penser les conflits éthiques, couplé avec l'engagement dans lequel sont pris les téléconseillers, aboutit à une légitimation du « sale boulot », au point que les sujets en arrivent à approuver ce que, au départ, ils pouvaient rechigner à exécuter.

Comment ne pas penser au totalitarisme heureux décrit en 1931 par Aldous Huxley dans son *Meilleur des mondes*, où l'ordre social est assuré sans aucun recours à la violence : l'harmonie et la concorde règnent parmi des hordes d'individus soumis à des techniques de manipulation mentale et physique. La dystopie de Huxley, écrite avant la montée du nazisme, fait de la contrainte non violente et du renforcement par la récompense les meilleurs moyens d'obtention de la paix sociale. Quelles que soient les réserves à l'égard du projet de société subjacent aux écrits de Huxley, il n'empêche que sa dystopie interpelle fortement les modes contemporains de gestion de la vie humaine. Toutes proportions gardées, et hormis le prophétisme, l'idée défendue par l'auteur n'est pas totalement étrangère aux conclusions de cette enquête. La manipulation non violente paraît effectivement plus à même que la répression de produire la soumission. Assurément, la force de ces méthodes réside en ce qu'elles parviennent à rendre la domination non seulement acceptable, mais plaisante. Grâce aux challenges, jeux et divertissements divers, la jovialité règne au sein d'une plateforme téléphonique où certains sont poussés au suicide.

Et ce dernier élément s'avère déterminant pour comprendre la violence symbolique de ces dispositifs ludistes : le surgissement des suicides d'un certain nombre de collègues joue un rôle essentiel dans l'engourdissement volontaire de la capacité à penser de ceux qui restent dans l'entreprise. En effet, la multiplication des atteintes à la santé (accident vasculaire cérébral, dépression, décès sur le lieu de travail, suicide et tentative de suicide…) qui accablent un certain nombre de salariés inquiète ceux qui continuent à travailler. Beaucoup ressentent à la première personne les effets des modes d'organisation du travail (troubles du sommeil ou de l'appétit, humeur triste, fatigue constante...), d'où les termes de « mal-être » ou de « malaise ambiant » qui reviennent dans les entretiens.

Dans l'intimité, ou dans des cercles restreints, certains se questionnent sur ces suicides : pourquoi un tel collègue en est-il arrivé là ? Aurait-on pu faire quelque chose pour l'éviter ? D'un côté, chacun s'interroge, non sans culpabilité, sur son implication et sa part de responsabilité dans la survenue d'un tel passage à l'acte. De l'autre, les salariés prennent conscience de la violence des pressions exercées par l'organisation du travail sur la santé et mettent en doute leur propre capacité à tenir face aux contraintes délétères d'un tel système. Ici, l'accablement et l'angoisse agissent comme des inhibiteurs, provoquant un gel de la parole, de telle façon qu'un silence pesant s'installe au sein des collectifs de travail. Réticence et dérobade deviennent alors des stratégies collectives de défense pour lutter contre l'angoisse générée par les suicides.

Pour tenir, chacun accepte le prêt-à-porter psychique utile à la santé, conçu par la direction de l'entreprise. Dans ce contexte, les tentatives de résistance – quand elles existent – sont facilement annihilées, puisque cette soumission soude une pseudo-solidarité entre les membres des équipes de vente, dans une sorte de « conspiration du silence ». Et, de fait, cette organisation de la régression infantile à l'intérieur de l'entreprise, largement implantée dans de nombreux milieux de travail, demeure très peu connue du public en général. Si l'on estime que ces pratiques commerciales, sous la forme de challenges, touchent une bonne partie des plateformes téléphoniques, il est probable qu'elles soient aussi à l'origine des difficultés à y mener une enquête. Elle permet de comprendre la réticence des salariés à s'impliquer dans une démarche d'analyse des rapports entre organisation du travail et souffrance psychique. C'était d'ailleurs le sens de la démarche de la déléguée syndicale, à l'origine de cette enquête : prévenir les suicides au travail. Plusieurs salariés ont été affectés par le suicide ou une tentative de suicide d'un collègue proche, et déplorent l'état et la gravité de la situation à laquelle ils sont arrivés. Pourtant, au cours des entretiens collectifs, la question du suicide au travail n'a jamais été mise au centre des discussions, au mieux, effleurée par moments. La parole semblait prisonnière. En vérité, les seuls échanges à ce sujet ont eu lieu lors d'une discussion informelle, autour d'un café, dans un coin de pièce ou un couloir de manière fugace, dans des bribes de conversation pendant le trajet entre le lieu du travail et la gare, et toujours sous couvert du secret. Le suicide ne se disait pas, ou seulement à demi mots : on parlait alors d'« évènements dramatiques » ou d'« actes irréparables ».

Les salariés étaient pourtant visiblement préoccupés par cette question, lorsqu'elle fut finalement soulevée. À les entendre, il en allait de leur sort aussi bien que de celui de leurs collègues. À l'évidence, en parlant de leur souffrance et de leur désarroi, les téléconseillers adressaient également leurs doutes, leurs peurs et leur honte. Sans pouvoir en dire plus, ils s'interrogeaient pourtant sur les causes de ces suicides et, sans doute, sur leur degré de responsabilité dans leur survenue. Un bâillonnement comme « rejeton » collectif du suicide, en somme.

3

Le cynisme de la résignation*

Il existe deux formes de cynisme. Dans le monde du travail, on pense d'abord aux dirigeants qui, sans vergogne pour certains, exploitent les travailleurs. Mais le cynisme, avec le temps, gagne du terrain. Parmi ceux qui naguère protestaient contre l'injustice, un autre se fait jour. Il vient du sentiment d'impuissance et de la désillusion. Au cynisme triomphant des dirigeants répond celui de l'amertume et de la résignation, chez ceux qui pensent devenue vaine toute tentative de résistance. S'il est sans doute d'abord une conséquence de la longue expérience d'un rapport de forces par trop déséquilibré, il devient ensuite un problème à part entière. Car il marche de concert avec le consentement à servir des méthodes d'organisation et de gestion qui menacent la culture et la cité. Cette dernière évolution nous éloigne peu à peu de la volonté politique de riposter, et on ne voit pas ce qui pourrait empêcher l'inégalité et l'injustice de s'accroître

* Ce chapitre doit beaucoup aux analyses de C. Demaegdt.

dans notre monde. En se fondant sur ces deux enquêtes éloquentes, il est urgent de cerner par quels processus la résignation s'étend ainsi, progressivement, à des couches de plus en plus larges de la population des pays du Nord.

TOUTE ERREUR EST UNE FAUTE

Dans les services de réanimation, le travail de soin a connu des transformations importantes qui résultent bien sûr, d'abord, des progrès de la médecine et des techniques de traitement. Mais la standardisation des soins, sous la pression des doctrines gestionnaires, a aussi un impact majeur sur l'organisation du travail[1]. De facto, le travail de soin n'est plus seulement structuré par les exigences professionnelles des métiers de la réanimation. Il est soumis à des injonctions de rendement et de performance, en termes de durée de séjour, de tarification à l'activité, de rentabilisation des machines qui ne doivent pas rester inutilisées (les appareils d'épuration extra-rénale par exemple), de taux de remplissage des lits qui ne doivent pas rester vides, etc. La troisième contrainte, la judiciarisation, résulte indirectement de la précédente : la standardisation se présente au départ comme un moyen d'uniformiser les soins, en vue de donner à tous les malades, sur tout le territoire, la même qualité technique de traitement, les performances de chaque service étant comparées au niveau national. Cette garantie affichée par l'administration soumet progressivement le travail de soin à une logique commerciale, avec contrat de résultat, éclipsant de ce fait le contrat de moyens qui ordonnait jusque-là l'art médical. Il en résulte que les malades, les familles et au-delà la population considèrent comme un droit d'être sauvé par la réanimation, en toute circonstance. Tout décès est désormais suspect d'être la conséquence d'une erreur, d'une négligence, d'une incompétence, d'une faute. (Naguère c'était la réussite d'une réanimation ou la victoire sur la mort, qui était saluée par tous et qui suscitait la gratitude et l'admiration des malades et de leurs familles.) Et de fait les plaintes en justice qui se multiplient font peser sur la pratique des contraintes nouvelles : il faut éviter les condamnations qui coûtent cher.

Face à cette judiciarisation, les soignants savent que l'administration, en général, se tournera contre eux. Pour « se couvrir », le meilleur moyen est encore de suivre scrupuleusement les protocoles dits « de bonne pratique », établis par des conférences de consensus et dûment estampillés par les administrations. Même lorsqu'un médecin pense être fondé à s'écarter de ces protocoles en raison des circonstances, de l'état du malade, des moyens matériels et humains disponibles, il renonce à prendre ce risque. Dès que les moyens matériels ou humains sont insuffisants, au lieu de chercher une « astuce » technique qui obligerait à sortir du protocole, on fait une grève du zèle, a minima : on se désengage et on joue la « traçabilité », laissant une trace écrite des raisons pour lesquelles on se met en position de retrait. Mais cette attitude d'autoprotection cache dans son ombre le fait qu'on a renoncé à mettre en œuvre tout autre mode opératoire non standard… qui pourtant aurait légitimement pu être tenté pour sauver un malade. Lorsque, pourtant, un soignant prend le risque de s'en écarter, il prend aussi le risque que son effort pour bien faire échoue. Immanquablement sa démarche sera jugée alors téméraire, voire erronée, et fautive. L'échec n'est pourtant pas synonyme d'erreur ni de faute ! Mais dans les conditions sociales du travail en réanimation, en particulier de l'état de la confiance, du respect mutuel et de l'entraide, l'amalgame est souvent fait. Qu'il s'agisse d'un échec interprété comme une erreur ou d'une erreur réelle, le résultat est le même. Avec la défiance qui règne dans les services où la solidarité a déjà succombé aux méthodes de gestion introduites à la fin des années 1980, l'erreur, ou l'échec maquillé en erreur, risque bientôt de se muer en faute avec à la clef des conséquences judiciaires possibles.

DÉFAUSSEMENT ET DÉSOLATION

Commence alors une étrange valse : chacun se préoccupe d'abord de se prémunir contre le risque de voir sa responsabilité engagée. Bien avant qu'elle soit déclarée comme faute, et souvent même quand elle ne sera finalement jamais qualifiée comme telle, au lieu que se forme une solidarité, c'est une logique de l'accusation qui se déploie, où chacun s'efforce de se défausser par avance en désignant un coupable. Très vite l'un des coupables potentiels, généralement en position de faiblesse à l'intérieur de l'équipe (parce qu'il est jeune et peu expérimenté ; parce qu'il a déjà eu des difficultés lors d'une garde précédente ; parce qu'il est dans une situation hiérarchique inférieure ; parce qu'il ne sait pas se défendre), est choisi, désigné, stigmatisé par les autres. Se bâtit alors une pseudo-cohésion du groupe contre cet ennemi commun, désormais lâché par tous et objet de la trahison, la mauvaise foi, la duplicité de ses collègues. Rien n'empêche plus qu'il devienne un bouc émissaire.

Être captif d'une telle logique qui se forme à la vitesse extraordinaire de la rumeur est une expérience psychique redoutable. Qu'elle aille jusqu'à l'instruction d'une plainte ou qu'elle s'éteigne en quelques jours, elle laisse des traces indélébiles, non seulement chez le « coupable » potentiel, mais chez ceux qui se sont conduits de façon inique avec lui. Chaque incident de ce type accroît les clivages entre soignants, mine encore davantage les conditions de la coopération, instille chez tous la méfiance et la peur d'un nouvel incident et de la tournure imprévisible qu'il prendra. Le chacun pour soi corrode les personnalités, compromet le sens du travail et démoralise les équipes, cultivant dans son sillage un cynisme de l'amertume et de la résignation. Pire, l'expérience de la solitude, de l'impuissance et de la peur face à l'iniquité détruit le sens commun de la justice. C'est pourquoi on est fondé ici à parler, non plus seulement de solitude et d'isolation, mais bel et bien de désolation, au sens donné à ce terme par Hannah Arendt[2].

Comment des équipes frappées par une telle dégradation du collectif peuvent-elles encore continuer de travailler ? Chacun s'efforce autant que faire se peut de ne pas penser la condition qui lui est faite dans ce contexte de désolation. Au sein d'un service de réanimation, le moyen le plus simple d'arrêter la pensée est l'activisme. « Le nez dans le guidon », submergé par les gestes techniques à faire et par la surcharge de travail, la fatigue aidant, on parvient à engourdir la pensée. Que reste-t-il alors comme espace pour la délibération collective, pour la confrontation des points de vue sur la conduite à tenir avec tel malade en particulier ? Il n'y a plus de coopération au sens noble du terme et, de facto, plus de place pour une véritable délibération. Pour tenter de mettre ensemble les intelligences individuelles, le seul recours possible est alors la coordination, la référence au « protocole », la compatibilité avec un mode opératoire standardisé, c'est-à-dire, en fait, une pseudo-coopération[3]. Ainsi trois types de pressions conduisent les soignants à ne pas agir en « âme et conscience » : la contrainte de rentabilité, la contrainte de standardisation et la judiciarisation. C'est donc bien d'un conflit en matière d'organisation du travail qu'il s'agit, qui incite peu à peu nombre de soignants à faire des compromis voire des compromissions avec les règles de métier, et à « vendre leur âme » en quelque sorte.

LA MARCHANDISATION DU CORPS

Mais un dernier poison s'est infiltré dans l'organisation du travail pour progressivement s'y imposer : l'utilisation des corps et leur « marchandisation ». Le prélèvement d'organes (reins, foie, cœur, poumons, cornée, etc.) sur des malades déclarés morts est tarifé, se facture et constitue finalement pour le service et l'hôpital une source de revenus comptabilisables ! Sans même invoquer l'incidence de la dérive marchande sur les décisions médicales de poursuivre ou d'interrompre les soins, c'est le statut du corps qui est mis en cause, non plus dans les cercles feutrés des comités d'éthique, mais au quotidien, dans toute sa cruauté. La tarification des prélèvements d'organes devient inévitablement une tarification des organes. Cette dérive marchande conduit à la mise en concurrence des établissements et des services, elle génère des pressions indirectes sur les médecins et les équipes pour déclencher au plus vite les prélèvements. Elle transforme en profondeur l'univers fantasmatique et symbolique des soignants. Le triomphe de la rationalité instrumentale évacue la perplexité sur les questions de la vie et de la mort.

Chez certains soignants s'esquissent au contraire des fantasmes de toute-puissance, où le passage direct de la problématique de la réanimation à la problématique des greffes fonctionne comme un déni de la souffrance et de la mort d'un sujet et de leurs implications sur le destin d'une famille.

Le pouvoir de congédier toute rencontre affective avec la vie subjective d'un malade et le drame d'une famille est facilité, pour les médecins, par la médiation des techniques d'imagerie médicale et le suivi du traitement par le truchement des résultats des examens biologiques, à distance du patient, sur un écran d'ordinateur. Ainsi, celui qui prend la décision de poursuivre ou d'interrompre la réanimation peut n'avoir jamais vu, examiné, palpé, ni ausculté, le malade, c'est-à-dire n'avoir jamais eu de contact direct avec le corps de ce dernier. Le pouvoir de piloter le destin à distance peut venir recouvrir le déni de la souffrance et de la mort d'un sujet, par un fantasme de siéger au-dessus des êtres humains ordinaires, tel Sirius surplombant le monde sublunaire, et de voisiner avec Dieu. Moins avec le Dieu créateur (de la vie) qu'avec celui du Jugement dernier décidant du destin des corps. La prophétie d'Arthur Rimbaud, reprise par Michel Henry, se réalise : « Les corps aussi seront jugés »

Mais cette pratique de « jugement », fondée sur des arguments technologiques et marchands, est tout, précisément, sauf un jugement. La forclusion des questions éthiques de la souffrance, de la subjectivité et de la vie absolue devient sous la protection des protocoles techniques, une violation banalisée du corps vécu. Tous les soignants se trouvent désormais impliqués, nolens volens, dans cette violation des réquisits de la vie subjective. Ils sont en train de franchir la limite que chacun de nous doit respecter et faire respecter pour pouvoir vivre dans son propre corps : aimer son corps est la condition sine qua non pour s'aimer soi-même et accéder au pouvoir d'éprouver la vie en soi[4]. C'est pourquoi l'ambiguïté des pratiques actuelles dans les services de réanimation a des conséquences tellement graves sur les soignants eux-mêmes. En accordant leur concours à la transgression de l'ordre symbolique du corps subjectif, ils pensent à leurs propres enfants, si ces derniers venaient un jour à se trouver entre les mains d'une équipe de réanimation. Mais ils pensent aussi à eux-mêmes, et le cynisme vis-à-vis des corps est aussi, souvent, une forme de défaite et de résignation. Et lorsque le cynisme s'empare du rapport que le soignant entretient avec son propre corps, les conditions de l'amour de soi sont rompues pendant que se profile le *taedium vitae*, la ruine du sens de la pratique, le mépris de soi, voire la haine de soi. Se lève alors le spectre des idées suicidaires qui vont conduire un certain nombre d'entre eux au pire.

HONORER LA VIE ?

Au sein de la modernité pourtant, les réanimateurs sont plus que tout autre soignant dépositaires de notre amour de la vie. Leur pratique engage notre rapport à la souffrance et à la lutte que nous menons tous contre la mort. C'est pourquoi la façon dont l'organisation du travail contemporaine, infiltrée de l'utilitarisme promu au titre d'ultima ratio, qui pousse à la compromission un certain nombre de soignants, a aussi des conséquences bien plus larges. Elle banalise une conception inouïe du corps, qui entraîne progressivement les individus ordinaires à accepter d'en finir avec la sacralisation du corps et de déshonorer la vie. Les progrès en matière de transplantation d'organes peuvent légitimement être tenus pour une conquête en matière de thérapeutique médico-chirurgicale. Que le besoin d'organes pose à son tour des problèmes épineux ne saurait pourtant justifier les dérives vénales ni le dépeçage des corps.

Le travail de réanimation aussi bien que le prélèvement d'organes constituent d'abord une activité de production (poiésis), c'est-à-dire un ensemble d'actes visant l'efficacité technique dans le monde objectif (rationalité instrumentale). Mais tous deux engagent aussi le destin d'autrui : le malade, bien sûr, mais aussi sa famille et son entourage, voire d'autres malades en attente de greffe. C'est-à-dire que ce travail ne se déploie pas que dans le monde objectif, il engage le monde social, les normes et les valeurs relatives au bien et au mal, au juste et à l'injuste, à l'équitable et l'inéquitable (rationalité axiologique). Enfin il a toujours des effets sur la subjectivité de ceux-là mêmes qui interviennent par la réanimation ou la chirurgie sur les corps, que ces derniers soient vivants ou considérés comme maintenus en survie. Participer à ce travail engage la subjectivité des soignants : dans certaines conditions le travail est un médiateur de l'accomplissement de soi (sublimation), dans d'autres conditions il déshonore le soignant ou le déstabilise dans son identité (rationalité subjective).

Plus frontalement que n'importe quel autre travail, la réanimation et le prélèvement d'organes font ainsi surgir des conflits de rationalité entre rationalité instrumentale, rationalité axiologique et rationalité subjective. C'est en raison de ces dimensions irréductiblement hétérogènes que le travail ne relève pas de la seule « activité » (poiésis), mais ressortit au domaine de l'« action » (praxis). Il n'y a pas de solution parfaite à ce conflit de rationalité. Il n'y a pas non plus de solution unique. La seule façon rationnelle de traiter ce conflit, c'est d'élaborer un compromis sur la base d'une délibération entre les personnes impliquées, comme on le faisait couramment naguère pour décider de la conduite à tenir avec un malade hospitalisé dans un service de psychiatrie (réunion de « synthèse ») ou de médecine (réunion de « staff »). C'est pourquoi le protocole standardisé ne saurait exonérer aucun soignant, ni aucune équipe, de cette délibération. La standardisation du soin via un protocole est bien plutôt une dérive qui permet de faire l'économie de cette part fondamentale du travail collectif, où devrait être discuté chaque cas, avant qu'une décision soit prise sur la poursuite où l'arrêt d'une réanimation, ou sur le prélèvement d'un organe.

Au carrefour entre la vie, la maladie et la mort, le travail en réanimation et le prélèvement d'organe ne sauraient être neutres vis-à-vis du devenir de notre civilisation. Si nous exonérons les équipes soignantes du devoir de juger du destin de chaque corps sur la base d'une délibération collective consacrée à chaque cas, si au contraire nous donnons notre consentement à une routinisation ou standardisation de la décision face à un corps où la vie subjective est vacillante, nous sommes inévitablement entraînés dans le cynisme de la raison instrumentale, dans le retournement de la vie contre elle-même, et nous contribuons alors à la déshonorer. C'est dans ce creuset qu'émerge en partie la forme contemporaine du « malaise dans la culture » : la complicité avec laquelle nous acceptons par avance de livrer l'avenir de notre propre corps subjectif à des routines et des protocoles dominés par la raison instrumentale nourrit le cynisme de la résignation. Bien au-delà de l'hôpital, la dérive marchande s'accroît grâce au consentement de la majorité des citoyens à l'utilisation commerciale des corps.

LE PRIX DE LA SOUFFRANCE ÉTHIQUE

À l'époque du tournant néolibéral, on affirmait que la privatisation des services publics n'altérerait pas la qualité du travail accompli. Seule la gestion en serait transformée, pour le meilleur, c'est-à-dire pour plus d'efficacité et surtout une économie de moyens, grâce au dégraissage d'effectifs. C'est un tout autre bilan qu'il faut bien en faire aujourd'hui. La rationalisation gestionnaire correspond en fait à une mutation en profondeur de l'organisation du travail. Du point de vue qui nous occupe ici, à savoir le destin des travailleurs passés sous le contrôle de l'évaluation individualisée des performances, c'est avant tout le congé donné à l'éthique professionnelle qui a des conséquences tragiques.

Que dans les relations commerciales ordinaires ou dans les centres d'appels, comme ceux étudiés par Duarte Rolo et Stéphane Le Lay, des clients soient trompés par des publicités mensongères ou par certains agents technico-commerciaux véreux, vénaux, cupides ou corrompus, il n'y a là rien de nouveau. Mais que des travailleurs qui ne sont pas corrompus acceptent de collaborer à la banalisation et à la normalisation de la corruption, travestie en recherche légitime de la performance, c'est un phénomène inédit, qui se paie par des actes suicidaires à répétition. De consentir à apporter son concours à des pratiques que le sens moral réprouve, comme de duper les clients systématiquement et sur ordre de la hiérarchie pour « faire du chiffre », entraîne nombre d'agents dans l'expérience non seulement de la trahison de l'usager, mais aussi de la trahison de soi.

L'éthique professionnelle n'assure plus de protection contre la dérive du sens moral, parce qu'elle a été systématiquement démembrée et pourchassée, à coups de formations et de stages intensifs où l'on entraîne les cadres à se mettre au diapason des mots d'ordre belliqueux de « la guerre économique ». Pourtant, la souffrance éthique dans les centres d'appels n'aboutit au suicide que chez un petit nombre de salariés. Trois questions se posent alors : Le suicide est-il la seule forme de pathologie imputable à la souffrance éthique ? Quelles sont les conséquences du suicide des collègues sur ceux qui continuent de travailler ? Comment font les autres – ceux qui conjurent l'évolution délétère de la trahison de soi – pour ne pas décompenser ?

Le suicide n'est certainement pas la seule réaction imputable à la souffrance éthique. Nombre de salariés de ces centres d'appels, à la longue, ne parviennent à tolérer ni la souffrance éthique, ni les jeux puérils organisés par les animateurs commerciaux. Épuisés, ils finissent par faire le choix de la démission. Ils quittent l'entreprise sans indemnité, avec le risque de ne pas retrouver d'emploi. C'est une décision coûteuse grâce à laquelle, dans un premier temps, ils se dégagent d'une situation psychiquement tellement délétère qu'elle les conduirait à une crise d'identité et à une décompensation. D'autres, qui ne peuvent se résoudre à perdre leur emploi, vivent cette décompensation, sur le mode de la dépression ou d'un état d'anxiété incontrôlable, suivis d'un arrêt de travail et de soins psychiatriques plus ou moins prolongés, ou sur le mode somatique, enchaînant des maladies qui les chassent malgré eux du travail, tout en maintenant l'opacité sur le rôle de la souffrance éthique. Reste une issue à la souffrance éthique qui consiste à décharger la crise psychique contre les autres. Cette forme de réaction peut conduire au meurtre, avec fusillade en série commise contre les collègues, parfois achevée par un suicide. Elle se rencontre semble-t-il plus fréquemment que le suicide aux États-Unis[5]. Pourquoi ces réactions à la souffrance éthique ne s'observent-elles pas en France ni, semble-t-il, en Europe ? Il y a sans doute quelques éléments de réponse, mais ils sont aujourd'hui trop fragmentaires pour qu'on puisse en faire une interprétation satisfaisante.

Revenons à présent à la deuxième question. Les suicides ne sont pas seulement l'issue de la souffrance éthique, mais aussi le signe patent d'une déstructuration de l'entraide, de la prévenance et de la solidarité entre collègues. La disparition des espaces de délibération collective, l'effacement du vivre ensemble et de la confiance au profit du chacun pour soi, engendrés par l'évaluation individualisée des performances, mettent chacun à l'épreuve de la solitude et de la désolation. De ce fait, l'effroi provoqué par les suicides se saisit de chaque salarié, individuellement, sans la protection psychique de réactions collectives. Les ripostes communes sont rares, et quand elles s'esquissent pourtant, elles avortent assez rapidement dans la plupart des cas. La perplexité, voire l'angoisse, chacun doit les gérer seul. On ne peut même pas parler des suicides avec les collègues, car règne une conjuration du silence qui aggrave encore le trouble. À ce point que, faute d'élaboration collective claire du message envoyé par ces passages à l'acte, la crainte d'un fatum s'insinue dans les creux du non-dit. L'absence de traduction et de décodage de la signification, ô combien énigmatique, de ces suicides, cède la place à l'idée floue d'un mauvais sort jeté sur les salariés de l'entreprise. À qui le tour ? Qui sera le prochain ? Si le suicide d'un collègue est imprévisible, pourquoi ne serais-je pas, à mon tour, emporté par un acte compulsif ?

DES STRATÉGIES DE DÉFENSE AUX IDÉOLOGIES DÉFENSIVES

Faute des conditions nécessaires à la coopération, il n'est pas possible à ces salariés d'élaborer, ensemble, des stratégies collectives de défense contre cette peur qu'inspire le suicide, nouveau type de risque mortel au travail. Au demeurant, comme dans les services de réanimation frappés par la désolation, la logique de clans ou de camps, opposant des groupes de salariés entre eux, prend la place des stratégies collectives de défense. Il faut dire que ces dernières ne reposent pas, comme la coopération, sur une délibération orientée vers l'entente, elles ne sont pas le produit d'une discussion passant par le langage. Elles ne traitent pas les problèmes posés par les pratiques, c'est-à-dire les conflits de rationalité qui traversent le travailler ensemble. Elles relèvent pourtant d'une construction collective. Mais cette dernière ne passe pas ou très peu par la parole, plutôt par des mises en scène de soi, des démonstrations essentiellement corporelles[6].

Bien différente, la logique de clans est une construction spécifique relevant des idéologies défensives. Son principe est celui de la cohésion de groupe (ou de masse) par référence à un ennemi commun. Dans ce processus, la référence au réel du travail est escamotée. Du point de vue métapsychologique, le réel est l'objet d'un « rejet » ou « forclusion » (*Verwerfung*) de groupe (ou de masse). Dans les services de réanimation, les camps sont désignés par le nom des leaders :

le camp du chef de service, contre celui de l'adjoint au chef de service, le camp du directeur des soins infirmiers contre celui des anesthésistes... Dans les centres d'appels, c'est le camp des conseillers contre le camp des fourgueurs, ou le camp des glandeurs contre celui des vendeurs, selon le lieu d'où partent les insultes. De fait, les conditions ne sont pas réunies pour pouvoir penser les rapports entre l'intelligence mise au service du zèle à duper les clients d'une part, les suicides au travail d'autre part. Et la souffrance éthique risque bien de poursuivre son travail de sape et d'en faire basculer plus d'un vers le raptus suicidaire. La défaite de la pensée est ici particulièrement grave en ce qu'elle laisse un espace vide que vient progressivement remplir le cynisme de la résignation.

On n'accorde probablement pas à cet état de démoralisation l'attention qu'il mérite. Car il est sans doute le chaînon intermédiaire permettant d'assurer la continuité entre la souffrance éthique et la docilité aux jeux puérils organisés par les animateurs commerciaux mandatés par la direction. Ces jeux ne fonctionnent pas seulement comme un piège de plus, où chacun se compromet dans des comportements indignes. Ils tiennent une place majeure dans le blanchiment moral : des enfants ne peuvent être tenus pour responsables de conduites immorales lorsque ce sont des adultes qui les y ont entraînés. Ces défenses apportées de l'extérieur comme des prêts-à-porter de la pensée – comme des prêts-à-penser – exonèrent les salariés de la capacité de juger. Elles sont destinées principalement à atténuer la souffrance éthique des salariés situés aux échelons les moins élevés de l'entreprise. Et c'est grâce à ces dispositifs d'un genre absolument inédit dans le monde du travail, que la majorité des salariés parvient à conjurer les effets délétères de la souffrance éthique sur leur santé mentale. Il n'en va pas exactement de même pour les échelons supérieurs du management. Leur responsabilité dans le retournement de la raison pratique et dans la normalisation de la corruption, est plus difficile à travestir. Et, de facto, un certain nombre d'entre eux, aussi, se suicident sur leur lieu de travail.

Des stratégies collectives de défense par les jeux infantiles destinés aux cadres, y compris aux cadres supérieurs, sont également introduites depuis quelques années dans les entreprises. Au sein d'une entreprise pharmaceutique par exemple, il leur est proposé un stage intensif au cours duquel tous doivent apprendre à chanter en chœur des chansons à la gloire de la nouvelle entreprise, en vue de souder les équipes des deux sociétés qui ont récemment fusionné pour constituer une multinationale parmi les plus puissantes du monde. Lorsque ce n'est pas possible, les directions ont recours au coaching individuel, avec pour mission de réactiver le dynamisme de cadres qui accusent le coup, manquent de détermination, ou laissent par trop transparaître des signes d'ambivalence, un manque de conviction ou des indices d'hésitation.

LA PARESSE DE PENSER DES INDIVIDUS

En vertu de l'analyse proposée dans *Travail vivant*, l'être humain est double. Au nom du travail, de la productivité et de la rentabilité, il peut être amené à apporter son concours à des actes que moralement il réprouve. Et il n'entre pas toujours en crise, malgré les contradictions flagrantes qui résultent de son implication dans des actes, des activités ou des actions professionnelles qui semblent bien incompatibles avec ses engagements intellectuels et moraux dans la sphère privée. Comment un sujet parvient-il à maintenir ce clivage et ainsi, à ne pas se laisser submerger par l'angoisse ? La formule la plus répandue est celle de l'*akrasie*, cette faiblesse de la volonté qui conduit à agir dans le sens contraire de ce qu'indique le jugement ou la raison.

Mais l'akrasie a ceci de particulier qu'elle me permet d'agir à l'inverse de ce que je crois juste ou bien, non pas seulement à l'occasion d'un acte ou d'une décision ponctuels, sous le coup d'une passion qui m'emporte, mais tout au long de ma vie professionnelle, chaque jour, constamment. Elle n'est pas motivée par la passion mais par la commodité, parce que c'est plus facile et plus avantageux que d'entrer en résistance. Grâce à ce clivage, je sais ce qui est juste ou bien, je le défends même haut et fort, et je respecte ces jugements dans la plupart des actes de ma vie quotidienne. Mais, dans le même temps, je fais dans ma vie professionnelle l'inverse de ce que m'indique mon sens moral.

La faiblesse de la volonté, en l'occurrence, commence en deçà de l'acte : elle porte sur *la pensée elle-même.* Ce que j'abandonne à l'état d'impensé, c'est précisément la contradiction entre ce que je dis et fais de façon cohérente d'un côté, et ce que je fais en sens inverse de ce que je dis, de l'autre. Car si je faisais face à cette contradiction, je serais gagné et bientôt déchiré par l'angoisse. Et si je ne parvenais pas à me dégager de ce conflit, je finirais par tomber malade, d'un point de vue psychique ou somatique. La faiblesse de la volonté, ici, est portée et précédée par une forme particulière de *paresse* intellectuelle : ma pensée s'engourdit lorsqu'elle approche le conflit entre le penser et l'agir, elle ralentit, s'absente, glisse sur autre chose, elle se fuit. Et bientôt je pense à autre chose, qui me distrait en quelque sorte et m'éloigne du conflit.

Différente de cette akrasie paresseuse, on peut aussi identifier l'akrasie sthénique. Cette dernière se caractérise par l'exigence de rendre raison de l'incohérence. Pour qu'elle ne remette pas en cause le clivage, cette argumentation ne doit pas procéder d'une délibération personnelle. Elle est empruntée à l'extérieur sur la base de phrases toutes faites, de formules de café du commerce, de slogans ou de stéréotypes. « C'est comme ça, on ne peut pas faire autrement » ; « ce sont les ordres, on n'a pas le choix » ; « c'est le système, on n'y peut rien » ; « il faut être réaliste » ; « c'est la guerre économique ».

Ces deux formules de la lâcheté font florès dans les entreprises aujourd'hui car elles sont les plus économiques, elles permettent de vivre à la fois selon une règle morale et d'être opportuniste. Et grâce à cela de rester en bonne santé. De ce point de vue, le prêt-à-penser, mis à disposition des travailleurs par les animateurs commerciaux ou par le coaching, leur ouvre une voie nouvelle. Il favorise l'akrasie paresseuse, dans la mesure où il n'exige rien des individus qui consentent à collaborer sans être rattrapés par les contradictions entre ce que leur dicte leur sens moral et ce à quoi ils participent, de fait, dans la réalité de leur pratique professionnelle. Il offre aussi des slogans prêts à l'emploi nécessaires à l'akrasie sthénique, où l'excellence et la performance économique travestissent la trahison de soi en recherche légitime de rentabilité. Et la docilité avec laquelle les salariés endossent ce nouvel arrangement défensif contre la souffrance éthique est essentiellement liée aux suicides. La souffrance éthique que ces suicides génèrent chez ceux qui continuent de collaborer pousse ces derniers à profiter de l'apaisement offert par la régression infantile et le prêt-à-penser, qui protègent le clivage, conjurent l'angoisse et les risques de décompensation psychopathologique[7].

LA DÉCADENCE DES PEUPLES

Qu'avec Freud on ait de bonnes raisons de douter d'un quelconque progrès de l'humanité sur la voie de l'éthique ne saurait dispenser de discuter, a contrario, les conditions qui poussent dans le chemin inverse : celui de la régression des individus et des peuples à contre-courant de l'éthique et de la culture. Dans le monde occidental, où la richesse des nations a atteint un niveau supérieur à ce qu'il a été tout au long de l'histoire, les risques de crise ne viennent pas que de la pénurie, de la disette, de la famine, de la pauvreté ou des violences insurrectionnelles que parfois elles engendrent. Si l'on a des raisons de craindre une décadence de l'Occident, c'est aussi en raison de la crise morale dans laquelle les peuples se laissent dériver sous l'effet d'une conjugaison inédite entre le cynisme des gagnants et le cynisme de la résignation, que tout devrait opposer, mais que des transformations organisationnelles, juridiques et institutionnelles, voulues par nos dirigeants, mettent en synergie. Le cynisme des gagnants n'offre guère de mystère à l'analyse. En revanche le cynisme de la résignation atteint une amplitude jusqu'ici inconnue. Seuls ceux qui font encore l'expérience d'un lien possible entre le travail ordinaire et la culture n'y cèdent pas et sont encore susceptibles de connaître l'enthousiasme. Les autres font plutôt l'expérience de l'absurdité des entreprises humaines.

Au principe de cette démoralisation, il y a l'expérience de l'inutilité des efforts consentis lorsqu'ils sont récupérés au profit d'une activité dépourvue de sens vis-à-vis de la culture. Et ce, à tous les échelons, jusques et y compris aux cadres, qui payent aussi un tribut de plus en plus important aux suicides et aux décompensations psychopathologiques. La dégradation des relations de prévenance, d'entraide et de vivre ensemble ruinent les conditions de possibilité de la coopération et de l'activité déontique qui les sous-tend. La violation des règles de travail et, au-delà, de l'éthique professionnelle, déposées par l'histoire humaine du travail et de la culture, n'a plus guère aujourd'hui de contrepartie crédible. Perdant le pouvoir d'apporter par notre travail une contribution à la coopération orientée vers l'entente et à la construction d'un monde commun orienté vers le bien commun et la culture, nous sommes chaque jour plus nombreux à faire l'expérience de la désolation, c'est-à-dire de l'impuissance dans la solitude et de l'inutilité de la vie. La marchandisation des corps et du travail dégrade en profondeur la condition de l'homme moderne. D'autant qu'il y apporte son consentement et devient ainsi le complice de ce processus qui engendre la désespérance et le cynisme de la résignation.

UN RECENTREMENT DE LA PSYCHANALYSE

C'est à l'aune de la métapsychologie que le cynisme doit être réexaminé. Il est d'abord une posture individuelle, associée à l'expérience sociale de la désolation qui est aussi une condamnation à la condition de l'individualisme forcé. Mais il est ensuite le signe d'un aménagement défensif de la personnalité bien particulier dont il s'agit précisément de reprendre plus systématiquement l'analyse. Depuis des décennies, les psychanalystes se réunissent périodiquement pour reprendre le dossier du « Malaise dans la culture »[8]. L'un des enjeux consiste à évaluer les incidences de ce malaise sur la subjectivité :

assiste-t-on à une transformation de la subjectivité, voire à l'émergence de nouvelles formes de subjectivité sous l'effet des mutations sociales et politiques contemporaines ?

À partir de la clinique du travail, la réponse à ces questions se précise. Le cynisme de la résignation témoigne du recours accru à l'aménagement défensif reposant sur le clivage. Cette modalité d'aménagement n'a rien de nouveau en soi. En revanche, son efficacité au regard du maintien de la normalité dans le contexte de la désolation (c'est-à-dire d'une déstructuration du sens commun de la justice), d'une part, son utilisation de plus en plus banale, d'autre part, lui confère une place beaucoup plus importante qu'on ne le pensait. Plus encore, le clivage serait le plus commun dénominateur de toutes les organisations mentales possibles. Freud a entrevu cette possibilité, mais il n'en a pas tiré de conclusions. À la lumière de la clinique décrite par Florence Spira Chekroun, Isabelle Gernet, Duarte Rolo et Stéphane Le Lay, le clivage apparaît convoqué en vue de neutraliser la souffrance éthique. En d'autres termes, le clivage est érigé contre le sens moral, et l'akrasie transforme la lâcheté en norme morale.

Il s'agit en fait d'un problème plus général qui est seulement amplifié par la clinique du travail. Traversé par les contraintes pulsionnelles, le moi est confronté à la perversion sexuelle polymorphe qui caractérise la sexualité infantile et qui profite de toutes les occasions pour se frayer à nouveau une voie vers la satisfaction sexuelle. Reste que le détour par la clinique du travail oblige à focaliser beaucoup plus l'attention sur la dimension éthique du conflit psychique, que la clinique conventionnelle. Et la psychopathologie du travail, via le problème soulevé par la souffrance éthique, exige en retour de pouvoir s'appuyer sur une métapsychologie plus précise du sens moral, ce à quoi Christophe Demaegdt s'est attaché dans ses recherches[9]. En retour, comme il le démontre, on ne peut pas concevoir de théorie psychanalytique cohérente du sens moral, si l'on n'accorde pas une place décisive à l'analyse du rapport subjectif au travail, comme épreuve incontournable, dans le monde des adultes, du sens moral et de la subjectivité tout entière : pour le meilleur ou pour le pire. En d'autres termes, la psychopathologie de la souffrance éthique et la psychopathologie du travail contemporaines ne peuvent pas être élucidées sans un appui sur la théorie psychanalytique. Mais en retour, l'ampleur des questions soulevées par la souffrance éthique et le suicide au travail ainsi que les incidences de la « désolation » sur la condition humaine contemporaine suggèrent certains approfondissements métapsychologiques laissés en suspens par les textes de Freud sur le « malaise dans la culture » et sur le « clivage du moi dans le processus de défense »[10].

LA DÉFECTION DU POLITIQUE

Les nouvelles formes d'organisation du travail qui s'imposent dans les services de réanimation et dans les services commerciaux provoquent des désastres non seulement en matière de psychopathologie au niveau individuel, mais en matière de déstructuration du lien civique au niveau collectif. Prendre au sérieux la clinique présentée ici, c'est inévitablement jeter un regard inquiet sur l'avenir de notre monde et plus généralement de la culture occidentale.

C'est effectivement la vocation de ce livre que d'attirer l'attention du lecteur sur les aspects les plus graves de l'évolution actuelle de notre société. À la différence de la pensée dominante dans les sciences sociales, et surtout dans les politiques publiques, il n'y a pas ici de statistiques, et nous ne savons pas l'extension quantitative ni épidémiologique des situations qui ont été découvertes sur le terrain de ces enquêtes. Pour nous, le problème pratique et politique n'est pas dans le nombre. Les situations que découvre la clinique sont les conséquences d'une dégradation du rapport entre travail et santé mentale, depuis les années 1980. Ce fait est désormais bien connu, et la responsabilité qui revient aux nouvelles méthodes d'organisation du travail est assez largement admise, jusque dans l'espace public. Mais ce processus se poursuit, parce qu'aucune volonté politique de l'infléchir ne s'est encore dégagée. Cette dégradation résulte de la défection du politique qui s'esquive constamment devant les questions soulevées par le travail et son organisation, laissant le champ libre à de nouvelles méthodes de domination sociale qui utilisent précisément le monde du travail comme terrain expérimental.

Ce à quoi l'investigation clinique est aujourd'hui confrontée dans le monde du travail, en particulier dans les services de réanimation et dans les centres d'appels téléphoniques, relève à notre avis, par comparaison avec l'expérience clinique accumulée depuis quarante ans, du franchissement d'une étape significative. Que ces situations soient rares ou qu'elles soient fréquentes ne change rien à l'affaire. Il suffit qu'elles existent pour en déduire qu'une digue supplémentaire a cédé sous la pression des nouvelles organisations du travail, et qu'une nouvelle voie a été frayée dans l'instauration de pratiques qui déshonorent la vie et de formes de consentement à collaborer qui confinent à l'infamie. À supposer que ce ne soit qu'une tendance, c'est-à-dire une évolution marginale, voire anecdotique (ce dont nous avons de bonnes raisons de douter), son existence, à elle seule, ne saurait être euphémisée. Parce qu'elle n'est possible que si les dégâts psychopathologiques occasionnés par l'organisation du travail contemporaine a auparavant fait des ravages. On est dans l'au-delà des dépressions, tentatives de suicide et suicides. On est projeté dans des configurations cliniques qui ne pourraient pas se former sans la précédence de ces pathologies. La souffrance éthique des personnels soignants en réanimation qui les conduit aujourd'hui jusqu'au suicide est une conséquence de la standardisation et de la marchandisation du soin. Même si, quantitativement, nous ne savons pas quelle extension a d'ores et déjà la souffrance éthique, nous savons en tout cas que la voie est ouverte vers de nouvelles formes d'aliénation et de consentement. Quelle que soit l'extension de ce processus, il suffit qu'il soit possible, pour que tous les efforts soient tentés en vue de l'enrayer. Enrayer ce processus, c'est revenir sur les nouvelles méthodes d'organisation et de gestion, en vue de les faire évoluer dans une autre direction.

Mais il ne suffit pas de comprendre pour vouloir agir. Bien au contraire, on voit que ceux qui ne se brisent pas psychiquement sous l'effet de la souffrance éthique trouvent des modalités d'adaptation psychique. Entre comprendre les processus en cause dans l'adaptation et former une volonté de lutter contre ce processus, s'interposent donc de nouvelles formes de consentement qui constituent un obstacle redoutable auquel le politique ne peut pas se dérober, comme jadis l'ont montré Horkheimer, Fromm et Adorno face aux questions soulevées par le consentement d'une partie de la classe ouvrière à la montée du nazisme[11].

L'analyse des modalités d'adaptation à la souffrance éthique nous conduit à revenir, avec Christophe Demaegdt, à des questions fondamentales posées à propos de la Première Guerre mondiale par un certain nombre de psychanalystes autour de Freud, en particulier par Tausk. Le problème posé à l'époque était finalement le même qu'aujourd'hui : comment comprendre l'étiologie des « névroses de guerre » ? Comment comprendre la participation des soldats aux horreurs de la guerre ? Alors que la guerre se termine, Freud pressent que l'engagement subjectif dans le travail de soldat engage une division interne, qu'il situe au niveau du moi. Aujourd'hui, il s'agit de comprendre l'étiologie des pathologies mentales, en particulier du suicide, au travail et non plus à la guerre. Le second problème, seulement esquissé après la guerre, mais pas du tout soldé, était celui de l'adaptation du moi à devenir un moi guerrier. Sous la pression de la clinique de la souffrance éthique dans le travail, il semble possible de donner à ce second problème une réponse cohérente qui passe, comme nous l'avons vu, par le clivage du moi.

Entre la capacité de comprendre le processus et la volonté d'agir contre lui, il y a donc un obstacle qui s'intercale : celui du clivage du moi au niveau des individus. C'est un obstacle de taille, mais nous avons maintenant les moyens de l'analyser. Le rapport domination-servitude ne se réduit pas à un rapport de domination d'une classe sur une autre. Il est aussi un rapport qui s'exerce sur des individus et qui peut parfois prendre la forme d'une servitude volontaire. La servitude volontaire fondée sur le clivage et l'akrasie est d'autant plus facile à obtenir que les individus sont davantage isolés et coupés les uns des autres. C'est un chaînon décisif de l'analyse. À leur tour, les modalités psychiques d'adaptation à la souffrance éthique aggravent cet état de désolation et contribuent à empêcher la formation d'une volonté collective d'agir contre les nouvelles méthodes d'organisation du travail et de domination. Force est donc de reconnaître l'existence d'un cercle vicieux où faute d'avoir été arrêtées dès leur introduction dans les entreprises par les forces politiques d'alors, les nouvelles méthodes d'organisation du travail, qui sont aussi de nouvelles techniques de domination, ont réussi à casser les solidarités.

À ce point de la discussion, il est nécessaire de faire un arrêt sur une conjoncture dont il est difficile d'apprécier le rôle non seulement dans la genèse de ces tristes dérives auxquelles nous assistons dans le monde du travail, mais dans les conséquences de ces dérives sur l'avenir de notre culture.

Le premier volet de la question est constitué par la faiblesse frappante de réaction des syndicats. Dans les enquêtes présentées ici, les réactions syndicales d'opposition à ces méthodes d'organisation du travail sont inconstantes. Les suicides dans les centres d'appels et le prêt-à-penser offert par la direction en guise de stratégies collectives de défense contre la souffrance éthique n'ont pas rencontré de réaction cohérente, ferme et déterminée de la part des directions syndicales. On peut penser que la déception des salariés face à l'inefficacité du recours aux syndicats a joué un rôle important dans leur résignation et dans le succès des nouvelles méthodes d'organisation du travail prescrivant la manipulation mensongère des clients. Il en va de même dans les services de réanimation, où l'absence de réaction collective de résistance à la dérive marchande du traitement des corps est criante.

De manière générale, la faiblesse de l'action syndicale joue un rôle majeur dans la défection du politique face à la mutation des technologies du pouvoir organisationnel. Le chaînon intermédiaire entre les transformations du monde du travail et le politique, assuré depuis la fin du XIXe siècle par les syndicats, a en quelque sorte fait défaut. Et cette défection continue aujourd'hui. Quelles en seront les conséquences sur l'évolution de la cité dans le contexte de fusion entre le cynisme triomphant des dirigeants et le cynisme de la résignation des salariés ? On peut logiquement en attendre le pire.

Le second volet de la question est constitué par le rôle qui revient à l'État et donc aux responsables des politiques publiques. Par le truchement de la Révision générale des politiques publiques (désormais nommée Modernisation de l'Action Publique) et du « New Public Management », l'État joue le rôle principal dans l'introduction et la généralisation des formes d'organisation du travail et de gestion qui transforment le statut du corps et exercent de façon draconienne la pression marchande sur toutes les pratiques de soin. Mais dans les centres d'appels étudiés, l'État joue aussi un rôle majeur et, en fait, décisif, par l'intermédiaire de la privatisation des services publics.

En ne faisant pas de l'organisation du travail un problème politique à part entière, les partis politiques, en particulier les partis traditionnellement considérés comme de gauche, laissent la voie entièrement libre à des stratégies qui, sous couvert de gestion ou de rationalisation, dissimulent une politique parfaitement cohérente et agressive de développement de nouvelles méthodes de domination. Cette dégradation n'est pas que quantitative, c'est-à-dire qu'elle ne se traduit pas seulement par l'augmentation des pathologies mentales et des suicides. Apparaissent aujourd'hui de nouvelles configurations cliniques qui étaient inconnues il y a quelques années encore, et qui méritent d'être reconnues comme une dégradation qualitative.

Si l'on tient compte de la faiblesse de la riposte syndicale d'un côté, de l'activisme de l'État de l'autre, on est bien forcé d'admettre que les tristes dérives identifiées aujourd'hui par la clinique n'ont aucune raison de ralentir leur sinistre progression et leur pouvoir de détruire le lien social. La théorie du clivage face à la souffrance éthique rejoint donc effectivement les investigations recueillies par la clinique du travail pour donner de l'avenir une vision qui pourrait facilement alimenter dans la cité tout entière le cynisme de la résignation dont nous avons vu précédemment les effets délétères.

Les chercheurs qui ont mené ces enquêtes ne croient pas à la fatalité de l'évolution à laquelle nous assistons depuis une quinzaine d'années. Nous avons au contraire de bonnes raisons de croire qu'il est possible d'agir sur l'organisation du travail, pour en infléchir le cours ; qu'on a les moyens de penser des méthodes d'organisation du travail qui rétablissent les conditions de possibilité de la coopération, de l'activité déontique et du renouvellement du vivre ensemble dans le travail ; et enfin qu'il est possible d'en faire l'expérimentation sur le terrain, avec certaines entreprises qui se sont engagées depuis quelques années dans une démarche alternative. C'est l'objet de la seconde partie de ce livre que de rendre compte des conditions qui permettent de reprendre la main sur l'organisation du travail et de remettre le travail vivant au service de l'accomplissement de soi et de l'émancipation.

Partie II
Le temps du changement

Vers un modèle économique à l'aune du travail vivant

Christophe Dejours et Christian du Tertre

Avant-propos

Soutenir l'idée d'une émancipation possible par le travail, penser les conditions nécessaires pour que le travail nourrisse un projet de vie en société, qu'il permette d'expérimenter d'autres manières de coopérer, de créer de la valeur, y compris entre les dirigeants et les salariés, qu'il puisse ainsi nous faire réfléchir à d'autres formes de gouvernement : tous ces postulats suscitent à gauche une incompréhension, quand ce n'est pas une franche opposition. Pourtant, l'importance de l'intervention dont il va être question se situe bien là : comment, en réformant l'organisation du travail et le management dans l'entreprise, peut-on faire advenir une nouvelle manière de faire société et de gouverner ? Et il ne s'agit évidemment pas de changer les dirigeants des entreprises en fonction de leur orientation politique. Il s'agit de repartir du travail réel, d'instituer des formes de coopération qui se révéleront fertiles bien au-delà des « murs » de l'entreprise. Le but, bien sûr, est que les gens aillent mieux et cessent de vouloir se donner la mort. Mais le but ultime est d'apporter de nouvelles réponses communes à ces questions fondamentales : Qu'est-ce que le travail pour un être humain ? De quel côté se situent l'aliénation et l'émancipation ? Qu'est-ce que le travail collectif et le management ? Quels sont le sens et la finalité de la production ? C'est au sein du travail que nous devons redécouvrir les conditions de notre émancipation. Et nous n'avons pas le choix : c'est dans cette épreuve que nous avançons, dans nos connaissances comme dans nos relations aux autres. De ce que nous parviendrons à mettre en place dans les lieux de travail, dépend en grande partie notre avenir politique et, plus largement encore, notre devenir d'êtres humains. La centralité politique du travail n'a rien d'abstrait. Nous ne cessons d'ailleurs d'en subir les effets : les nouvelles formes d'organisation du travail sont toujours de nouvelles formes de domination, y compris quand on les présente comme les conséquences d'un processus technique incoercible. L'évaluation individuelle des performances a des effets ravageurs sur le vivre ensemble dans le monde du travail comme dans la société tout entière. Si la reconquête de la solidarité par la mise en place de la coopération demande à être confirmée, les conséquences néfastes de l'évaluation individuelle au sein de la société font, quant à elles, un bruit qu'on ne peut plus ignorer. L'organisation du travail représente une base d'expérimentation pour les nouvelles méthodes de domination et donc une énorme force politique. La gauche rechigne à le reconnaître quand les dirigeants du MEDEF réclament une refondation sociale qui accorderait une autonomie totale aux entreprises. Car ils savent, eux, que tenir l'entreprise, c'est tenir la société. Nous sommes réticents à l'idée du « grand soir ». Ce n'est pas de cette manière que l'on résoudra les problèmes soulevés par l'organisation du travail. Si nous parvenons en revanche à mettre en place un autre gouvernement dans l'entreprise, à recréer du lien et de la coopération, nous pourrons penser une autre manière de créer de la valeur et de gouverner les affaires de la cité aussi.

Le travail n'est jamais un décor, ni un environnement. Il engage la subjectivité tout entière. Il n'est jamais neutre quant à la santé de l'individu : soit il le construit, soit il le détruit. C'est à partir de l'intervention en entreprise que la psychodynamique du travail a permis de dégager l'importance du travail pour le psychisme.

C'est également sur la base de l'intervention en entreprise que des économistes et des ergonomes ont mis en lumière le rôle de la subjectivité dans la création de la valeur, notamment lorsqu'elle s'inscrit dans une perspective servicielle[1]. Les travailleurs ne respectent jamais intégralement les prescriptions – « la tâche » – formulées par les ingénieurs et les gestionnaires. Ils réajustent le mode opératoire prescrit, et le travail qu'ils accomplissent effectivement constitue l'« activité ». Les infractions qu'ils commettent ne sont donc pas engendrées par leur goût pour la transgression. Bien au contraire, elles leur permettent de faire face à ce qui n'a pas été prévu par l'organisation du travail, aussi raffinée soit-elle, à savoir : les pannes, les anomalies, les accidents et tous les incidents qui viennent inévitablement perturber le déroulement de leur mission. Tant et si bien que tous ces obstacles constituent le « réel du travail », ce qui se fait connaître au travailleur expérimenté par la résistance à sa maîtrise technique. Les travailleurs s'efforcent ainsi d'être en avance sur les imprévus et de ne pas se laisser surprendre. Ils inscrivent ensuite dans le mode opératoire ces « coups de main » non prescrits afin de prévenir les « bogues » les plus fréquents, ou tout au moins introduire du « jeu » pour surmonter les obstacles. Qu'elles proviennent de la matière, des objets techniques, des autres travailleurs ou des clients, les perturbations sont inévitables.

Le travail vivant, c'est ainsi ce que les travailleurs ajoutent aux prescriptions pour faire en sorte que le procès du travail fonctionne le mieux possible, dans le dessein de rendre service. Or, ce qu'il faut ajouter aux prescriptions pour que cela marche, nul ne peut le savoir à l'avance. Le travail vivant repose sur le zèle des travailleurs. Qu'appelle-t-on « zèle » ? D'une part, l'intelligence qui permet d'inventer les habiletés requises, d'autre part, les ressorts psychologiques qui rendent possible la mobilisation de cette intelligence au travail. Le problème, c'est que ce zèle échappe à l'observation directe et à la mesure quantitative, et qu'il est souvent sous-estimé ou méconnu des travailleurs eux-mêmes.

Et ce n'est pas la seule difficulté. Les habiletés, elles, n'existent pas avant la confrontation à la tâche. Elles naissent d'une familiarisation avec les situations de travail, des échecs rencontrés, de la souffrance engendrée par cette impuissance, de l'endurance à ces échecs par l'implication de la subjectivité tout entière, de la recherche enfin de trouvailles qui permettent de contourner ou de surmonter les obstacles. Pour parvenir à cette familiarisation, il faut non seulement engager des aptitudes cognitives mais aussi le corps. Le zèle au travail est étroitement lié à la souffrance et à la recherche de solutions, en sorte de résoudre par le même mouvement l'énigme du réel et la souffrance de l'échec. Les nouvelles habiletés sont ainsi des productions de l'intelligence du corps, ce dernier étant le lieu où s'éprouvent la souffrance et l'intuition de la solution. Et c'est bien parce que l'intelligence au travail réside dans le corps des travailleurs qu'ils ont tant de difficultés à en rendre compte. Lorsque la mobilisation de l'intelligence n'est pas au rendez-vous de la production, l'organisation du travail ne peut fonctionner. Lorsque les travailleurs font « la grève du zèle », lorsqu'ils décident de s'en tenir strictement à l'exécution des ordres et des prescriptions, c'est la panne.

L'intelligence au travail, reposant sur l'implication de la subjectivité tout entière des travailleurs, constitue un enjeu majeur pour la santé et la création de valeur. Si la contribution qu'elle apporte à la qualité du travail et à la compétitivité de l'entreprise est reconnue, elle est une chance pour la santé mentale. Mais à l'inverse, elle peut devenir un risque si sa mobilisation se heurte à un management qui entrave son fonctionnement. Alors, comment la reconnaître ? Le manager ne peut le faire qu'à condition de saisir la façon dont se concrétise le décalage entre le travail prescrit et le travail effectif dans les tâches confiées aux membres de son équipe. Sinon, il ne peut que faire des prescriptions, donner des ordres, fixer des objectifs. Sans jamais reconnaître l'intelligence au travail de ses subordonnés, sans jamais leur apporter une aide idoine ou encore protéger les conditions propices à l'exercice de leur intelligence au travail. C'est donc la question des tâches et des responsabilités des managers qui se trouve en définitive posée, des compétences professionnelles qu'ils doivent acquérir pour procéder à des investigations sur le travail réel de leurs équipes et des nouvelles responsabilités qui leur incombent. En aval, venir en appui du travail de leurs subordonnés, en amont, contribuer à partir de cette connaissance aux délibérations au sein de la direction de l'entreprise.

Car le travail vivant ne se réduit pas au zèle individuel, il possède une dimension collective qui a ses exigences propres et qui repose sur la capacité à coopérer, de manière verticale entre le manager et ses subordonnés et vice versa ; de manière horizontale, entre les salariés d'une même équipe et de manière transverse avec le bénéficiaire du service. Se pose de facto le problème de l'intelligence au pluriel et de la mise en concordance des zèles individuels. Au niveau collectif, se retrouve le même décalage qu'au niveau individuel. Ce qui est prescrit, c'est la coordination ; le travail réel, c'est la coopération. Comment passe-t-on de l'une à l'autre ? La coopération, la manière dont les salariés travaillent effectivement ensemble, repose sur la construction de règles, qui permettent d'encadrer et d'harmoniser les infractions que chacun commet, les différentes façons « d'interpréter les ordres ». Ces règles sont inventées par les salariés lorsqu'ils confrontent leurs expériences et leurs opinions sur la manière de surmonter les obstacles quotidiens, au sein d'un espace de délibération. Le travail vivant n'est pas seulement fondé sur la formation de nouvelles habiletés individuelles mais sur la contribution de chacun à cette délibération collective, à cette activité déontique. L'évaluation du travail vivant doit donc aussi prendre en compte les ressources mobilisées pour parvenir à la coopération. C'est dans le travail que l'on expérimente la relation à l'autre, les rapports de domination, notamment entre les genres, et plus généralement le lien social. Là encore, le travail n'est jamais neutre : les conditions mises en place favorisent soit la solidarité et la coopération, soit la trahison et la méfiance, et ce qui s'apprend au sein de l'entreprise, se prolonge ensuite au sein de la cité.

1

Travailler autrement, c'est possible

RETOUR AU TERRAIN

En septembre 2007, une entreprise d'aménagement du territoire, plus exactement son directeur des ressources humaines, intéressé par l'analyse de l'évaluation individuelle des performances qui y est développée, prend contact avec le laboratoire au Conservatoire national des Arts et Métiers. Dans cette entreprise, l'intensité du travail semble globalement convenable et l'activité indéniablement intéressante. Pourtant l'absentéisme de certains, le turnover chez les cadres qui viennent se former dans cette entreprise avant de partir à la concurrence contribuent à y rendre l'ambiance maussade et parfois peu dynamique. À l'image de ce responsable, ils sont nombreux aujourd'hui à sentir que l'organisation du travail mise en place génère de la souffrance, que son incohérence détruit de la valeur en même temps qu'elle en crée. Depuis les débuts de la psychopathologie du travail, il était invraisemblable que le représentant d'une direction d'entreprise sollicite directement un entretien avec des cliniciens spécialistes de la souffrance au travail. De nombreuses interventions avaient été faites au sein des entreprises mais toujours par l'intermédiaire d'un CHSCT, d'un syndicat ou d'un service médical du travail. Les seules demandes émanant de directions d'entreprise concernaient des activités extrêmement techniques où la sécurité et la sûreté dépendaient de la fiabilité des salariés. La demande portait alors sur le facteur humain dans la fiabilité des systèmes complexes. Qu'un membre du comité de direction d'une entreprise engagée dans une tout autre activité se déplace jusqu'au laboratoire avec son adjointe était en soi insolite, même si en 2007, les suicides sur les lieux de travail se multipliaient et devenaient la hantise de plus d'un dirigeant.

Mais au-delà de cette nécessité de prévention, ce dirigeant fait preuve d'un véritable intérêt intellectuel pour le sujet et d'une réelle volonté de faire évoluer les choses. Lors de notre premier entretien, il n'y a pas à le convaincre de l'absence d'efficacité des entretiens d'évaluation individuelle des performances. Il sait déjà qu'ils ne sont pas bien vécus, que les salariés traînent pour les effectuer et n'en attendent pas grand-chose. Les cadres se trouvent régulièrement pris au piège du dispositif, qui les pousse à engager une discussion avec leurs collaborateurs, parfois à les évaluer extrêmement positivement, sans leur permettre finalement de tenir la promesse qu'implique ce jugement sur le plan financier. Et au sein même de cet échange, il existe un sujet tabou, pourtant crucial : on parle objectifs et résultats, comme si le salarié en était seul responsable, mais pas des problèmes que ce dernier tente de résoudre au quotidien. Bref, tels qu'ils se pratiquent, le directeur des ressources humaines le reconnaît lui-même, ces entretiens sont critiquables. C'est le point d'accroche. Des investigations avaient été faites dans l'industrie automobile, les centrales nucléaires et de nombreux autres secteurs industriels, ou déjà dans le monde du renseignement téléphonique. La psychodynamique du travail était née de la nécessité de faire reconnaître la souffrance et à l'inverse le plaisir, comme irréductiblement liés à l'organisation du travail. Puis étaient venues les années 1990 et les dispositifs d'évaluation individuelle de la performance, provoquant des dégâts psychologiques que les médecins du travail avaient bien du mal à assumer. La souffrance au travail ne cessait de s'aggraver et allait désormais jusqu'au suicide. Lors de cet appel, cela faisait dix ans que nous réfléchissions à ce que pourrait être une organisation vertueuse, capable de favoriser le plaisir au travail et l'épanouissement individuel des salariés ainsi que la coopération et le vivre ensemble. Ce travail de recherche venait juste de s'achever. Il fallait à présent le mettre à l'épreuve de la réalité et si possible démontrer son efficacité concrète. La demande de cette entreprise était une opportunité. Pour la première fois, il devenait possible d'expérimenter une théorie du plaisir au travail comme médiateur de la santé. La centralité du travail repose en dernier recours sur une théorie de la connaissance, la manière dont l'être humain construit son savoir : le réel ne se donne pas directement, il se révèle à l'homme lorsque celui-ci l'éprouve comme une résistance à sa maîtrise. Je ne peux connaître la résistance d'un de mes muscles qu'en le mobilisant pour un effort. La subjectivité de l'expérience qu'oppose la résistance du réel à mon effort est première ; l'objectivité, c'est-à-dire la transformation de ce savoir de l'expérience en savoir formalisé, toujours seconde. Au fondement de toute connaissance, il y a donc un travail, l'expérience de la résistance du réel à mon action, l'expérience de l'échec. Si l'on soutenait que la mise à l'épreuve fondait tout savoir et que la science avançait par réfutation, il devenait impossible de ne pas confronter cette nouvelle théorie de l'organisation du travail à l'expérience des salariés.

L'enjeu était de taille et l'idée d'intervenir avec un économiste s'imposa à ce moment-là. La démarche du directeur des ressources humaines et l'intérêt du PDG étaient d'ailleurs aussi de cet ordre, ils sentaient bien sans forcément le théoriser, que cette ambiance dégradée s'accompagnait d'une perte de performance économique. Dans cette activité, les chefs de projet jouent un rôle clé, ils assurent le développement et le management des équipes, et leur investissement dans le travail a une influence directe sur la compétitivité de l'entreprise. Autant dire que cette question si sensible de la compétitivité ne se réduit pas à celle des coûts, comme le débat public pourrait souvent le laisser penser. Enjeu humain et enjeu économique sont indissociables pour aborder la performance. Voilà pourquoi, suite au premier rendez-vous avec le DRH et son assistante, une équipe a été montée avec Christian du Tertre, économiste et François Hubault, ergonome. Tous deux, avec Olivier Blandin, ont fondé le laboratoire ATEMIS en 2001, qui propose une approche de l'économie servicielle fondée sur la coopération. Partager une certaine idée de la centralité du travail et de la coopération nous a permis d'entendre ce qui était dit par les salariés de l'entreprise avec le même diapason et a fondé un consensus bien plus efficace que tous les ajustements a posteriori. On y voit la force de la théorie et l'importance de l'écoute. La sensibilité à l'autre ne se réduit pas à une histoire d'empathie : accéder à l'expérience de l'autre nécessite des concepts.

PREMIÈRE ENQUÊTE

Tout au long de notre intervention, le PDG se montrera confiant et intéressé mais veillera à préserver une distance vis-à-vis de cette intervention qu'il ne pilote pas et à maintenir une ligne rouge : nous ne nous occuperons pas (officiellement) de la stratégie économique de l'entreprise. Lors de la première rencontre avec le PDG et le DGA (directeur général adjoint), on nous présente l'activité de l'entreprise. La création de cet établissement public, dans les années 1950-1960, répondait au souci de combiner les ressources présentes sur un territoire et de les organiser dans l'espace. Pour rendre cette finalité rentable, l'entreprise revend les terrains aménagés et récupère ainsi la rente foncière. La difficulté se situe justement là : la réserve de terrains s'épuise, le coût des aménagements en lien avec le développement durable s'accroit, obligeant la direction à repenser l'activité. L'entreprise intervient dans l'aménagement et le développement urbains de plusieurs manières. Elle met en place des projets de conception et de réhabilitation de nouvelles cités ; elle vend, à des promoteurs ou à des villes nouvelles, des terrains qu'elle a préalablement acquis ou qui lui ont été confiés par l'État ; elle assure la gestion patrimoniale d'ensembles immobiliers qui lui sont délégués par l'État. C'est une entreprise publique, mais son personnel salarié relève du droit privé. Le PDG, nommé par le conseil d'administration, est assisté d'un directeur général qui est aussi directeur financier de l'entreprise. Trois directions opérationnelles se répartissent la maîtrise d'ouvrage des projets urbains en fonction de leur localisation géographique. Il y a de surcroît une direction foncière qui traite les ventes et acquisitions de terrains et assume la gestion des parcs immobiliers ; une direction comptable ; une direction des ressources humaines qui est aussi responsable de l'organisation. Le comité de direction est ainsi composé de huit membres. À ce stade, nous sommes reçus par le PDG, le DRH et le DGA seulement. Le PDG insiste sur le contexte économique tendu, notamment par la réduction de la rente foncière et les nouvelles exigences liées au développement durable. En effet, certains regroupements de collectivités ont créé leurs propres sociétés d'économie mixte, réduisant de fait le nombre de terrains accessibles. Pour rester compétitif, il faut vendre plus cher, offrir une valorisation supplémentaire du territoire et donc l'aménager davantage. Cette nouvelle orientation suppose d'entretenir un autre type de relations avec les maires. Vendre un terrain rapidement aménagé et récupérer la rente foncière ne nécessitent pas de créer une relation privilégiée avec les futurs habitants ou les maires. En revanche, penser un aménagement qui permettra d'augmenter le prix du terrain impose d'être au fait des attentes des bénéficiaires. Le métier doit évoluer de manière significative et cela ne va pas de soi, d'autant que le temps investi dans l'apprentissage des chefs de projet est perdu s'ils quittent l'entreprise. Le PDG est un ingénieur du corps des Ponts et Chaussées, aux compétences et à l'autorité reconnus. Sans doute ses qualités d'écoute, sa capacité d'innovation doublée d'une grande modestie ne sont-elles pas étrangères à sa décision de nous recevoir. Cependant, c'est avant tout cette révolution de métier qu'il pressent et qu'il veut réussir. Les déficits des projets d'aménagement ne peuvent plus désormais être comblés par la rente foncière en constante diminution. L'adaptation des salariés à cette nouvelle donne s'avère déterminante pour l'avenir économique de l'entreprise.

Si l'intuition de ce patron était juste, il ne savait pas en revanche l'impact réel de cette transformation qu'il entrevoyait. Une part importante des terrains ayant été vendue au cours des années précédentes, le bénéfice à venir des plus-values sera beaucoup plus restreint. De surcroît, la concurrence s'est nettement accrue depuis quelques années : de grosses entreprises privées du bâtiment et des travaux publics ont en effet créé des agences d'aménagement tandis que les villes nouvelles donnaient le jour à des sociétés d'économie mixte liées aux collectivités locales. Ne pouvant pas rivaliser en termes de salaires avec ces entreprises, la direction a privilégié le recrutement de jeunes chefs de projet… qui sont ensuite « chassés » par les concurrents lorsqu'ils ont acquis formation et expérience professionnelles. Ce turnover représente un réel handicap car le suivi des projets urbains, souvent sur une dizaine d'années, exige une stabilité des équipes. Conscient de ces enjeux et du moment charnière dans lequel l'entreprise se trouve engagée, le PDG est prêt à porter le questionnement de son directeur des ressources humaines. Il valide une intervention de notre part sur les questions de la santé et de l'évaluation individuelle des performances.

Il s'agit d'abord pour nous d'avoir leur accord sur le premier temps de notre intervention qui consiste à travailler la demande initialement formulée par la direction. Nous leur indiquons les principes qui guideront notre démarche : l'importance du travail effectif qui ne se réduit pas au travail prescrit et aux performances finales mais engage la subjectivité entière ; l'importance du travail collectif, de la mise en concordance des zèles individuels, c'est-à-dire la coopération qui repose sur la construction de règles. Le travail vivant n'est pas seulement fondé sur la formation de nouvelles habiletés individuelles, mais aussi sur la contribution de chacun à la délibération collective qui permet l'invention de ces règles communes.

Surtout, nous insistons sur le prérequis de ce premier travail : une pré-enquête que nous voulons mener librement, auprès de l'ensemble des salariés, afin de faire notre propre évaluation de la situation dans l'entreprise. Nous souhaitons voir tous les directeurs et leurs adjoints et autant de personnes en position d'exécution qu'il nous semblera nécessaire. Les directeurs pourront nous indiquer les personnes à rencontrer au sein de leur équipe. Cette pré-enquête sera conduite grâce à des entretiens individuels ou par groupe de deux ou trois. Nous ne souhaitons pas marquer notre défiance par rapport à la description donnée par le PDG et ses adjoints mais les convaincre de l'utilité d'un bilan extérieur, orienté sur ces questions de travail et de coopération. S'il s'agit bien de remettre en cause l'évaluation individuelle des performances introduite dans l'entreprise depuis une dizaine d'années, il faut partir d'une analyse de ses conséquences sur la vie dans l'entreprise. Au terme de la pré-enquête, un séminaire sera organisé pour le comité de direction de l'entreprise afin de présenter les principaux concepts du travail vivant et les principes de l'intervention proprement dite, étant entendu que l'investigation approfondie ne peut être envisagée que sur la base du volontariat des participants. La démarche ne pourra donc être poursuivie que si au terme du séminaire, des volontaires au sein du comité de direction s'engagent dans la démarche des intervenants chercheurs.

Ce temps de pré-enquête, incontournable pour évaluer autrement l'état de la santé individuelle et de la coopération dans l'entreprise, nous permet également de clarifier notre démarche auprès de tous les salariés. Nous ne sommes pas là pour exécuter une commande de la direction mais pour voir s'il est possible de repenser l'organisation du travail afin qu'elle offre de meilleures conditions de possibilité à l'épanouissement individuel et à la coopération. La pré-enquête permet parfois de déplacer la demande initiale et de faire remonter à la direction des éléments qui ont pu lui échapper, d'autant qu'elle est souvent éloignée du terrain. Ce sera le cas dans cette entreprise. De façon générale, il est très difficile pour les cadres et leurs subordonnés engagés dans une situation de travail de prendre la distance nécessaire à l'analyse de la manière dont ils coopèrent, y compris au plus haut niveau hiérarchique. Pour installer une forme d'autorité de l'équipe de recherche, il faut mobiliser des savoirs, faire en sorte que les dirigeants soient pris au jeu d'une curiosité, voire d'une adhésion aux concepts et principes théoriques. Il faut qu'ils soient au clair avec l'idée que la démarche intellectuelle que nous proposons leur permettra d'enrichir la connaissance de leur propre situation, celle de l'entreprise dans laquelle ils se trouvent, et que le regard sur le travail et les conditions de la création de la valeur dans des espaces de services que nous leur apporterons, leur permettra de progresser. Ensuite, il s'agira de transmettre une partie de ce savoir pour que les cadres et la direction elle-même puissent en faire un outil de discussion, voire de résistance ou de proposition, face au conseil d'administration par exemple. Tout oppose notre démarche à celle des consultants classiques, mais aussi à celle d'autres universitaires ou experts en tout genre qui peuvent être tentés de délivrer un cours et jouer de l'autorité que leur offre l'institution. Il s'agit d'inventer une troisième position entre ces deux-là. Pour nous, l'autorité fait partie de l'action, elle change les rapports entre les gens, permet d'ouvrir la discussion et la critique. Nous sommes surtout préoccupés par la capacité des gens à s'approprier ce savoir, à penser leur activité et à inventer ensemble des solutions. Il s'agit de leur donner des outils pour cela et la transmission de ce savoir repose sur l'écoute de leur expérience.

Autant dire que l'autorité dont nous nous réclamons ne se gagne pas d'un coup mais dans l'épreuve, toujours renouvelée, de la délibération autour des difficultés du travail. Ce n'est pas d'un embrigadement idéologique dont il s'agit. Nous ne connaissons d'ailleurs pas les solutions d'avance. Seule la référence au travail peut débloquer la parole et permettre l'invention de nouvelles manières de coopérer.

La direction accepte ces conditions et nous convenons donc de débuter les entretiens. L'évaluation individuelle des performances nous sert de base de départ pour discuter avec les salariés de leur travail effectif et de leur manière de coopérer ou de ne pas coopérer les uns avec les autres. Parfois seul, parfois à deux, nous leur présentons notre mission et les interrogeons sur les difficultés qu'ils rencontrent dans leur travail. Pendant quatre mois, nous discutons avec une quarantaine de personnes, soit un tiers des salariés. Il y a les tensions, les incidents, les portes qui claquent ou les disputes, qu'on nous rapporte au sein de plusieurs directions. Il y a les arrêts maladie qui retiennent notre attention. Partout, la coopération semble compliquée, les espaces de délibération collective réduits à peau de chagrin et les réunions d'équipe quasi inexistantes. Mais il y aussi ce que nous percevons, au-delà de relations personnelles parfois difficiles : la surcharge dans maints endroits.

Six mois après le début de nos investigations, nous organisons un premier séminaire avec le comité de direction. En nous appuyant sur les exemples recueillis lors de notre pré-enquête, nous identifions de nombreux problèmes de santé au travail. D'abord surpris, les membres du comité de direction acceptent notre diagnostic, au vu des éléments factuels que nous leur apportons, notamment sur une surcharge de travail flagrante dans différents services. Nous présentons une critique de l'évaluation individuelle des performances et des entretiens tels qu'ils ont été menés jusqu'alors. Nous soulignons également la nécessité de faire émerger au sein de l'entreprise de nouvelles compétences pour répondre à la diminution de la rente foncière et à l'intensification de la concurrence, qui a une influence à la baisse sur le budget des projets. Nous présentons la théorie de la coopération et nous revenons sur la condition sine qua non du volontariat de ceux qui s'impliquent dans la démarche. À l'issue de ce séminaire, le comité de direction se dit prêt à engager une recherche de nouvelles méthodes d'évaluation, orientées principalement sur l'évaluation du travail collectif et de l'articulation entre coordination et coopération. Cette démarche pourra être entreprise dans trois circonstances : si une direction ou un service souhaite, pour des raisons internes, mieux connaître et améliorer le travail collectif ; si la direction générale veut avoir davantage de visibilité sur le fonctionnement d'un service mais à la condition d'obtenir également l'accord d'un ensemble de volontaires dans le service concerné ; si la gravité d'un incident nécessite de commander une investigation sur les dysfonctionnements éventuels dans la coopération qui en sont éventuellement à l'origine. Un dernier point pour préciser le cadre de notre intervention : toute investigation du travail collectif fera l'objet d'une restitution à l'équipe concernée en tout premier lieu. Pour des raisons déontologiques tout d'abord. Pour des raisons opérationnelles ensuite, car le retour que notre équipe fait à l'occasion de cette restitution permet de valider, d'invalider ou de corriger les analyses auxquelles nous sommes parvenus.

C'est dans ce contexte que la directrice comptable de l'agence se porte volontaire pour que son service fasse l'objet d'une étude pilote. Ce service interne à l'entreprise répond à deux missions : un suivi administratif très rigoureux et une relation de service vis-à-vis des autres départements. Si nous avons encore à l'esprit les situations de surcharge de travail et l'absence de coopération flagrantes dans ce département, nous sommes surpris de la démarche de la directrice qui prend le risque de notre intervention dans son service. Elle fait en effet explicitement référence à deux « incidents » récents qu'elle qualifie de sérieux pour expliciter sa demande. Elle pense que l'investigation que nous proposons peut l'aider à résoudre certaines difficultés de fonctionnement, notamment en ce qui concerne la coopération verticale, qui se joue sur la ligne hiérarchique. Nous avons désormais un premier terrain d'intervention. Nous réaliserons des entretiens individuels avec la majorité des membres de la direction comptable, quatre entretiens collectifs avec la directrice et son équipe d'encadrement, d'autres entretiens collectifs avec certaines équipes « d'appui ». Notre enquête durera six mois et aura des conséquences qu'il nous semble utile d'analyser en détail.

L'AFFAIRE DU TROU COMPTABLE

Comme annoncé par la directrice, le service fait face à une situation inédite, provoquée par un incident majeur, un trou comptable relatif à des non-recouvrements de créances et d'impayés, atteignant une somme importante. Les deux adjoints vont raconter l'affaire, survenue quelques mois plus tôt, de leur point de vue : après avoir découvert ce « trou » comptable, ils ont embauché, avec l'accord de la directrice, une personne pour tenter d'en trouver l'origine. L'analyse détaillée de chaque ligne comptable, visant à repérer les raisons pour lesquelles les rentrées n'ont pas été enregistrées représente un travail colossal. Il s'agit en particulier de loyers impayés dont le recouvrement varie d'un lieu à l'autre, certains se faisant auprès des locataires, d'autres auprès d'organismes accordant des allocations d'aide au logement. L'élucidation et l'analyse du trou comptable impliquent donc un travail supplémentaire et imprévu, qui vient perturber le quotidien des deux adjoints, déjà en surcharge. C'est une perte de productivité. Une belle illustration de ce que peut signifier « le réel » du travail et l'ensemble des obstacles qu'il faut surmonter pour parvenir à répondre aux prescriptions. Sur le terrain, la complexité des tâches des agents chargés de faire les encaissements du parc locatif est redoutable. Elles relèvent de l'activité servicielle. Mais cette dernière ne s'accomplit complètement que si elle est correctement relayée par le département comptable. Ici s'intercale un énorme problème de transfert d'anciens logiciels vers BBBBB, un nouveau logiciel, qui ne fonctionne pas comme il aurait dû. La déperdition d'informations ainsi générée est en cause dans le trou comptable. De surcroît, le décalage entre action sur le terrain et centralisation comptable démontre que le service comptable n'est pas – contrairement à ce que tout le monde pense, notamment dans les autres départements de l'agence voire à la direction générale – seulement un service de soutien mais un ensemble d'activités directement impliquées dans le modèle économique de l'entreprise. Face à ces difficultés, l'aggravation vient de ce que le département comptable est également dans une relation de service avec tous les autres départements de l'agence. D'où un conflit de priorités extrêmement complexe. D'où surtout un certain discrédit aux yeux des autres départements de l'agence et des bénéficiaires externes du service comptable qui est toujours la cible de toutes les critiques et de toutes les accusations. D'où enfin le choix des adjoints de s'investir dans l'aide aux salariés de l'agence sur l'utilisation de BBBBB, en vue de reconquérir un minimum d'estime et de reconnaissance, au détriment de l'activité comptable proprement dite.

Mais pour se rendre compte de la complexité du travail sur le terrain et l'incapacité du logiciel à remonter l'ensemble de ces données, il faut commencer par s'y intéresser. Le quotidien des agents de la direction foncière, souvent des femmes, en charge du recouvrement, est tout simplement impossible ou héroïque, selon l'angle selon lequel on le regarde. Certains immeubles du parc locatif sont insalubres, des familles ne peuvent pas payer, d'autres y parviennent grâce à l'aide de subventions extrêmement diverses. Lorsque ces agents se rendent sur place, ils sont parfois confrontés à des personnes qui ne parlent pas français, à d'autres qui sont furieuses d'être relancées alors qu'elles se sont déjà acquittées de leur paiement. Ajoutons qu'il est peu conseillé de pénétrer dans certaines cités avec un ordinateur et qu'il faudra reporter ensuite l'ensemble des données collectées à la main, ou encore de recevoir le paiement en liquide et de devenir ainsi une cible facile en sortant de l'immeuble. Ces salariés dont le travail n'intéresse personne font preuve d'un savoir-faire, d'une intelligence, d'une connaissance des locataires comme des réglementations qui ne cessent de changer, absolument incroyables. L'entreprise a de surcroît reçu la charge de 1 000 loyers supplémentaires avec beaucoup de foyers qui ne peuvent pas payer, avec en outre deux changements d'outils de gestion en quelques mois. Le travail fait face à de nombreuses externalités négatives.

Les deux adjoints n'ignorent rien de l'incompatibilité du logiciel avec ce travail de terrain, la directrice non plus. Mais la surcharge dont ils sont déjà victimes les conduit à refuser d'en débattre. Chacun, enfermé dans une demande de reconnaissance par les autres, met en place des stratégies individuelles de défense. Et pendant ce temps, les délais de paiement s'allongent, augmentant toujours un peu davantage le discrédit qui frappe le département comptable. Vérifier toutes les pièces nécessaires avant de déclencher un paiement est en réalité impossible la plupart du temps. Il en manque toujours une, et aucun paiement ne se ferait sans les combines mises en place par les salariés. En effet, les paiements s'effectuant toujours en plusieurs étapes, il est toujours envisageable de rattraper une erreur produite antérieurement.

La responsabilité qui incombe aux employés est d'autant plus importante que certaines entreprises peuvent déposer le bilan s'ils tardent trop à leur verser l'argent qui leur est dû et que certains clients peuvent décider de changer de prestataire. Le logiciel est d'un côté le levier technique de gains de productivité, mais de l'autre, il provoque une atteinte à cette même productivité. C'est toute la dimension ambivalente de l'innovation technique dans une économie servicielle. Mais seule la référence au travail réel permet d'identifier les deux dimensions de l'introduction d'un nouvel outil technique et d'améliorer celle qui est favorable au développement économique.

S'ils informent la directrice, les deux adjoints craignent qu'elle ne leur demande de tout reprendre, et ils ne pourront jamais y arriver avec tout le travail qu'ils ont par ailleurs. De façon tacite, ils s'entendent donc pour ne rien dire. Le temps passe et quand arrive le moment du bilan financier, ils décident d'esquiver l'analyse du trou comptable restant, ils traitent la créance en dépense exceptionnelle sans en prévenir la directrice. Or son montant est en fait supérieur au seuil maximal toléré en matière de finance publique. La responsabilité personnelle de la directrice vis-à-vis de la direction générale et du conseil d'administration se trouve engagée pour manquement aux règles de l'agence et de comptabilité publique. L'incident met en cause la responsabilité des deux adjoints, dans la mesure où le second n'a pas cherché à dissuader le premier et ne s'est pas opposé à l'infraction, malgré le montant élevé. C'est donc cela, le premier incident « sérieux », mentionné par la directrice. Nous nous enquérons alors du second, craignant qu'il ne soit plus grave encore. Il s'agit cette fois du non-respect des règles de comptabilité dans le paiement d'un marché, en particulier la vérification préalable d'absence d'un tiers opposant. La facture a de ce fait été réglée à tort à une entreprise à laquelle elle avait cédé sa créance et qui était en cessation de paiement. Le montant là encore est élevé, la responsabilité de la directrice à nouveau engagée, sur ses propres deniers. Nous achevons de découvrir l'ampleur des dégâts : le non-respect des règles comptables a été dissimulé à la directrice pendant un an. La révélation tardive de l'infraction aggrave encore cette dernière d'une volonté délibérée de dissimulation. La directrice est stupéfaite de découvrir la déloyauté de ses adjoints.

Si personne ne soupçonne de malversation, cet épisode a porté à son paroxysme les problèmes de coopération de la directrice avec l'un des adjoints. Cette femme très engagée et compétente peut se montrer un peu trop directe, voire tranchante, et ne parvient pas malgré tout à obtenir l'obéissance de ce subordonné. Ayant perdu confiance et refusant de traiter directement avec lui, elle n'a pas maintenu les réunions avec ses deux adjoints. La coopération verticale est anéantie. La directrice, très affectée, est devenue méfiante et a tendance à se faire isoler par les autres. D'autant qu'en poste depuis quatre ans, elle relève du corps d'État des agents comptables et représente l'État dans un monde d'entrepreneurs. Elle est considérée comme une originale et revendique elle-même cette différence. Peut-être est-ce cet isolement qui l'a poussée en partie à se porter volontaire, en plus d'une véritable curiosité intellectuelle pour la démarche proposée. La coopération horizontale ne se porte pas franchement mieux. L'opposition à la directrice construit une solidarité de façade qui cache mal une difficulté à travailler ensemble. Le second adjoint, beaucoup plus investi et souple, se retrouve totalement débordé, héritant des tâches que son collègue refuse d'accomplir. En charge des relations avec les autres services, il souffre d'une surcharge de travail inquiétante. Il ne pourrait supporter en plus de mauvaises relations avec son homologue et préfère donc ne rien dire du déséquilibre de leur travail et de l'absence d'esprit d'entraide dont l'autre fait preuve à son égard. Il faut donc d'abord comprendre le sens que cet adjoint dévoué avait donné à la situation pour en venir à dissimuler un tel trou comptable. Il est vraisemblable qu'il savait pertinemment qu'il commettait une infraction. Quelles ont pu être alors ses raisons ? Une autre question nous préoccupe : comment se fait-il que personne dans l'équipe ne se soit interposé, n'ait transmis l'information à la directrice ? Il paraît clair en effet que l'infraction n'implique pas seulement la responsabilité de l'adjoint mais la complicité passive des autres membres du département comptable. Que cette fraude n'ait attiré l'attention de personne, n'est-ce pas le signe d'une banalisation générale des infractions ? À moins que plusieurs salariés, bien qu'ils aient repéré la chose, n'aient choisi de ne pas intervenir, ce qui signifierait que règne le chacun pour soi et qu'il n'y a donc plus entraide ni solidarité, ni même confiance entre les membres des équipes ?

UN LOGICIEL QUI NE SIMPLIFIE LA VIE DE PERSONNE

Nous menons des entretiens, individuels ou en petit groupe, avec toujours le même principe : nous remontons au niveau hiérarchique supérieur uniquement ce que les personnes souhaitent transmettre. Notre travail consiste à dépersonnaliser les problèmes et à restaurer la confiance sur la base d'une discussion portant sur le réel du travail en commun, et non sur les caractéristiques psychologiques de l'un ou l'autre salarié. Nous voyons les membres du service, les deux adjoints et la directrice, et organisons plusieurs restitutions. Les récits s'accordent tous sur les difficultés de la coopération. Et nous accordons une attention particulière au nouveau logiciel comptable (BBBBB) mis en place deux ans plus tôt. Depuis son introduction, des difficultés incessantes surgissent dans le travail de tous les membres du service, et notamment dans celui des deux adjoints. Pourtant une cellule ad hoc, coordonnée par le directeur général adjoint de l'entreprise, a été chargée d'améliorer le fonctionnement du logiciel avec l'aide d'un cabinet de consultants en informatique. Le transfert des données enregistrées dans les logiciels précédents vers BBBBB et de nombreuses incompatibilités provoquent en permanence des bogues et rendent le nouvel outil informatique très peu aisé à utiliser. S'ajoute à cela la complexité du recueil des données comptables liées à la gestion extrêmement complexe du parc immobilier social, avec de nombreux impayés, des télescopages entre les différentes institutions impliquées dans les systèmes d'aide aux familles locataires, qui engendrent des retards, des quiproquos, des conflits. Même les informations ne circulent pas de manière fluide.

Les deux adjoints participent au groupe censé rendre le système informatique plus performant. Ils y consacrent 50 % de leur temps de travail. Tous deux doivent également apporter un soutien à l'ensemble des salariés de l'agence lorsqu'ils rencontrent une difficulté avec le logiciel. En tant que « personnes ressources », il leur revient, en plus de ces dépannages qui accaparent une part importante de leur temps, d'assumer la formation des équipes au coup par coup. Leur activité s'étend donc du suivi comptable à la formation et au conseil. C'est une spécificité de l'économie servicielle : le périmètre de l'activité n'y est jamais stabilisé mais toujours un construit social. Evaluer la valeur créée nécessite d'évaluer le travail réel.

Cette entreprise d'aménagement urbain se trouve ainsi confrontée aux conséquences de l'introduction généralisée des nouvelles technologies de l'information et de la communication (NTIC). Si le montant des investissements effectués dans ce domaine ces dernières années est indéniable, l'impact favorable de certains équipements sur l'organisation du travail et la santé mentale des salariés reste encore à prouver. Le traitement numérique de l'information influe profondément sur la dynamique économique dans les activités de service en charge de l'information mais également dans l'ensemble des activités productives, toutes amenées à mobiliser un nombre croissant d'informations plus ou moins formalisées. Pour bien comprendre l'importance de la généralisation des NTIC, il faut revenir un peu en arrière.

La micro-informatique apparaît d'abord dans le monde industriel et donne naissance à ce que l'on nomme la robotique. Les automates programmables permettent de réaliser des produits variés et de qualité, de dégager des gains de productivité, de réduire les tâches directement productives au bénéfice des tâches de régulation (contrôle qualité, outillage, maintenance, réglage). Dans le monde ouvrier, les activités intellectuelles se généralisent, qui font appel à la subjectivité des travailleurs, à la manière dont ils se représentent le système technique, tandis que diminuent les opérations exigeant d'eux des interventions manuelles classiques. Il est de plus en plus requis de devancer les pannes, les dysfonctionnements, ce qui suppose une représentation subjective de l'ensemble de la production. Les activités industrielles sont alors en stagnation et l'automatisation conduit aussi à des réductions considérables d'emplois. C'est l'aspect pervers de l'innovation technologique dans l'industrie depuis plus de trente ans : malgré les discours rassurants, la recherche de la productivité se réalise contre l'emploi et les salariés se retrouvent confrontés à une situation paradoxale : il leur est demandé de s'impliquer subjectivement pour faire progresser la productivité et la qualité alors même que l'entreprise ne peut plus leur garantir la stabilité de l'emploi. Les ouvriers ne sont pas les seuls à prendre conscience de cette impasse. De plus en plus de cadres en sont convaincus : dans l'industrie, la compétitivité de l'entreprise, fondée uniquement sur l'innovation technologique, ne représente pas les emplois de demain.

Dans les années 1990, les NTIC s'étendent à la bureautique, c'est-à-dire aux activités spécialisées dans le traitement de l'information. Les banques, les assurances, les administrations découvrent de nouvelles possibilités de formaliser une information sur un support micro-informatique, de la traiter, de l'archiver, de la restituer et de la faire circuler en temps réel. Contrairement à de nombreuses craintes, l'introduction des NTIC crée des opportunités d'emploi, l'innovation du procédé précédant l'innovation de nouveaux produits dans les services, inversement à ce qui s'était passé dans l'industrie. Dans les services, l'introduction des NTIC permet la création de nouvelles activités. Pour les identifier et comprendre leur portée, il faut se préoccuper du travail réel et pas seulement du travail prescrit. Il devient aussi crucial de soutenir la demande de services par la croissance du pouvoir d'achat des ménages et de la capacité d'autofinancement des investissements en services des entreprises. Mais un autre enjeu surgit : l'accessibilité aux services. Surmonter ces contraintes exige de faire évoluer le travail, son organisation temporelle, sa localisation, les compétences qui s'y déploient.

Enfin, dans les années 1990-2000, internet et les technologies multimédias affectent le mode de circulation de l'information. Le numérique séparant l'image et la voix du corps, il met fin à la contrainte de la rencontre spatiale. La perte de face-à-face des subjectivités provoque de nombreuses incompréhensions, de non-dits, qui se traduisent par des dysfonctionnements productifs, des problèmes de qualité, et sur le plan humain, par des tensions et des angoisses, des pathologies somatiques et mentales. Les entreprises surestiment ces informations numérisées et nient le fait que les salariés ont besoin d'autres connaissances quand ils sont confrontés à une situation complexe. En mettant en place un réseau informatique, elles pensent pouvoir supprimer tout autre réseau de communication et se délester d'un certain nombre d'emplois. Si les données sont immédiatement numérisables, elles n'ont cependant pas de sens en elles-mêmes. Dans ces conditions, la nouvelle vague technologique s'opère au détriment des conditions de travail et de la qualité du service.

Revenons à notre entreprise. Nous devions tout d'abord saisir les raisons de la mise en place de ce logiciel. Au sein de tous les départements de l'entreprise, les salariés procèdent à des opérations comptables, en particulier les chefs de projet qui gèrent les budgets des opérations dont ils ont la responsabilité. Avant l'introduction de BBBBB, il existait dans chaque unité une cellule financière et comptable. Le logiciel devait donc permettre de simplifier les procédures, les chefs de projet pouvant désormais assumer la saisie comptable. Toutes ces cellules financières ont donc été supprimées. L'ambiguïté de l'introduction des NTIC se révèle ici encore une fois : l'introduction du nouveau logiciel répond bien à la volonté de simplifier les tâches de saisie comptable, et donc de supprimer les postes associés. Autre fait notable, le temps de formation passe à la trappe, ce qui interdit tout bénéfice en termes de ressources humaines. Loin d'améliorer le travail des chefs de projet et de leurs équipes, BBBBB le désorganise et consomme énormément de temps. Le refus d'envisager le travail réel conduit à l'objectif inverse de celui qui a été annoncé : aucun gain de temps et au contraire, une surcharge patente pour les deux adjoints à la direction comptable. Tous en effet font appel à eux pour les dépanner. Et le mot dépannage prend ici tout son sens. Ne disposant pas à leur tour du temps nécessaire pour former les équipes, les adjoints finissent par effectuer le travail eux-mêmes. Ils se retrouvent en charge de bon nombre de tâches autrefois dévolues aux différentes cellules financières et comptables. Nous commençons à mesurer la surcharge de travail qui pèse sur ces deux salariés. Ils sont de fait constamment au service des autres départements de l'entreprise.

Tout le monde s'accorde d'ailleurs à reconnaître leur disponibilité et leur serviabilité... au point d'en abuser, osant facilement les interrompre dans leurs tâches. Même au niveau hiérarchique inférieur, personne n'hésite à solliciter leur aide. De sorte que le service comptable qui se doit d'être d'abord au service des fournisseurs externes à l'agence (les entreprises qui sont en charge des chantiers d'aménagement urbain) accorde finalement la priorité aux demandes internes. Le conflit au sein de la coopération transverse propre aux activités de service est flagrant : la disponibilité des adjoints vis-à-vis des autres services de l'agence les contraint à ne plus offrir un service de même qualité aux bénéficiaires extérieurs. La surcharge n'a pas seulement un effet négatif sur leur santé mentale mais aussi sur la qualité du travail comptable proprement dit. Dernier maillon de ce cercle vicieux : les retards souvent enregistrés dans les paiements conduisent la direction comptable à être critiquée en interne. La performance de l'entreprise apparaît bien remise en cause, dans sa capacité à répondre en temps et en heure aux bénéficiaires. En effet, le privilège accordé à la relation de service en interne au détriment de la relation de service en externe se traduit par un allongement important des délais de facturation et d'encaissement.

ABSENCE D'ARBITRAGE ET FIN DE LA COOPÉRATION

C'est là que les adjoints et la directrice entrent en conflit sur leur manière d'arbitrer les priorités. Plus exactement, d'arbitrage décidé collectivement, il n'y en a pas, chacun privilégiant certaines tâches, sans en discuter avec les autres. Le bénéficiaire extérieur n'est plus prioritaire, l'arbitrage de chacun ne se fait plus en fonction du service à lui rendre et il n'est plus discuté, encore moins ajusté, avec les autres. Les adjoints traitent d'abord les demandes venant des autres services, en particulier de la direction générale sur l'informatique au détriment du métier de comptable, et en dernier recours, se protègent des ordres contraires de la directrice par la rétention d'informations. Les tricheries, inévitables pour faire correspondre travail prescrit et travail réel, ne font l'objet d'aucune délibération collective, d'aucun échange d'expériences qui pourrait transformer la coordination en coopération. La rétention d'information est une stratégie qui reste individuelle et vient accentuer le déni du travail réel et de ses difficultés.

Autant dire que la coopération verticale ne se porte pas mieux que la coopération transverse. La directrice, souvent désavouée par les pratiques de ses subordonnés, ne peut pas dans ces conditions exercer son autorité, sans cesse remise en cause par les désobéissances et les infractions aux règles comptables. Les adjoints la jugent « incompétente, dispersée et désordonnée parce qu'elle intervient sur toutes les opérations sans distinguer clairement de priorités ». Elle doit quant à elle répondre de ses résultats auprès de la direction financière, assumée par le directeur général adjoint. Ne faisant plus confiance à ses adjoints, elle vérifie tous les dossiers qu'ils ont en charge et exige sans cesse des documents et des justifications systématiques. Ces tâches de contrôle et de surveillance ne lui laissent pas la disponibilité nécessaire pour aider, assister et orienter le travail de son personnel. Surtout, cette surcharge de travail la conduit à réduire les temps de discussion et à éliminer les espaces de délibération collective. Il n'existe plus aucune réunion de service, à aucun niveau de la direction comptable. De manière générale, la multiplication des justificatifs signe depuis des années la domination de la gestion. Inventés par ceux qui méprisent le travail vivant et ne s'intéressent qu'à la production de données chiffrées souvent aberrantes et très consommatrices de temps, ils provoquent immanquablement une surcharge de travail. Surtout, ils masquent mal l'ignorance des managers quant au travail réel de leurs subordonnés. Plus ils sont coupés des difficultés quotidiennes auxquelles ceux-ci font face, moins ils sont à l'écoute de ces expériences, plus ils sont obligés de se rassurer par des chiffres qui ne signifient plus rien de l'activité. L'évaluation des deux adjoints ne repose plus sur leur capacité à affronter les obstacles qu'ils rencontrent pour remplir leur mission, obstacles qu'ils taisent d'ailleurs.

Les reportings demandés par la direction générale constituent en outre un processus anticoopératif. Ces coups de sonde, toujours urgents, toujours brutaux, sur chaque individu, chaque poste, induisent une suspicion permanente et générale. Jamais ils ne prennent en compte la coopération, ce qui supposerait d'accorder une importance à la dynamique et à la confiance, jamais ils ne considèrent ce que le résultat doit à l'autre. Les salariés sont tenus responsables seuls d'une activité qui relève toujours en réalité d'un procès collectif. Comment s'engager seul à garantir la livraison des pièces demain sans tenir compte des contraintes du fournisseur, souvent situé à l'étranger ? Les reportings ne s'intéressent pas aux processus qui sont au cœur du travail vivant et ils imposent une vision statique de l'économie, dépassée et mortifère. L'idéologie du résultat, suivi d'une sanction, elle aussi individuelle, détruit toute solidarité et, pire, fait naître la haine.

Les dysfonctionnements touchent également la coopération horizontale aux différents niveaux du département comptable. Dans l'économie servicielle, la confiance est l'une des ressources stratégiques à côté des compétences, de la pertinence de l'organisation et de la santé des salariés. Ces ressources peuvent se développer ou au contraire se dévaloriser à l'occasion de l'expérience du travail réel, de la production. Ce sont les « effets de réflexivité » qui, du point de vue de la performance de l'entreprise, représente un registre stratégique. Se préoccuper de la qualité de la coopération et en retour de ses effets sur le développement ou la dévalorisation potentielle de ces ressources est un enjeu crucial de la nouvelle économie, l'économie servicielle. Ce climat de suspicion, qui touche autant les compétences que la qualité du travail accompli, conduit chacun à ne pas communiquer avec ses collègues et à s'adresser directement à la directrice sur les questions les plus ordinaires, afin d'être « couverts », ce qui alourdit singulièrement la charge de travail de celle-ci. Cette situation n'a pas que des conséquences sur l'ambiance, elle détruit toute polyvalence et possibilité de remplacement au sein d'une équipe, des délais supplémentaires dans le traitement des encaissements et des facturations et en définitive là encore, la rétention d'informations. Résumons-nous : dégradation des relations entre collègues et entre niveaux hiérarchiques, souffrance généralisée, qui fait naître pour s'en défendre un individualisme croissant, qui aggrave à son tour ce climat délétère. La coopération transverse, entre le salarié et le bénéficiaire du service dans la ville où se fait l'opération d'aménagement, est tout à fait obérée, au profit d'une coopération verticale décalée vers la direction générale et d'une coopération horizontale paralysée.

Au fur et à mesure des entretiens que nous menons, les deux origines de la surcharge de travail deviennent claires : les dysfonctionnements et l'inefficacité du logiciel BBBBB d'abord, l'obligation de répondre à de nombreuses demandes internes, qui désorganisent le travail en cours, ensuite. Si la perte d'autorité de la directrice et la disparition de toute confiance n'ont pas encore engendré de conduites malveillantes, la solitude et la souffrance qui l'accompagnent, immanquablement, sont palpables. Chacun se sent seul face à ses responsabilités et au risque de sanction.

SOUFFRANCE ET STRATÉGIES DE DÉFENSE

Lors de notre première visite dans les bureaux du département comptable, nous l'avions constaté : certains salariés consomment des médicaments psychotropes, notamment des anxiolytiques qui restent constamment visibles sur leur table de travail. La surcharge ne semble donc pas concerner uniquement les deux adjoints, tous souffrent de journées de travail qui s'allongent, de dimanches gâchés par l'obligation de préparer des dossiers, de moments en famille de plus en plus tendus car de plus en plus rares. Le développement des NTIC et du travail intellectuel n'a cessé ces dernières décennies de rendre davantage poreuse la frontière entre temps de travail au bureau et à domicile, à tel point que la notion de travail sur site est à repenser totalement. Qu'on les juge trop lents, trop scrupuleux, voire tatillons, ou encore indisponibles, les agents de la direction comptable essuient tous les reproches. Comment ne pas les comprendre alors qu'ils nourrissent le sentiment de ne jamais être récompensés malgré leurs efforts incontestables, de ne jamais assez bien faire, eux qui tentent tous les jours de répondre vite et bien ? Leur souffrance se nourrit de cette non-reconnaissance du travail effectué, et d'un sentiment d'injustice.

La psychodynamique du travail a souligné depuis longtemps l'enfermement toujours possible des travailleurs dans le secret et la solitude. Puisque le réel ne se manifeste jamais que par sa résistance à mon action, puisque la défaillance humaine est ainsi inévitable, puisque le travail désigne justement l'activité déployée par des hommes et des femmes pour accomplir la tâche prescrite malgré les imprévus, alors le travail a à voir avec l'intelligence pratique, la ruse, voire la tricherie nécessaire pour faire coïncider les ordres avec la réalité. Mais si toutes ces ruses, tous ces manquements à la prescription ne sont pas reconnus comme inévitables, s'ils ne sont pas discutés, ajustés les uns aux autres, le sujet est réduit à la dissimulation et à la solitude. L'ingéniosité, si elle s'exerce dans un premier temps à l'abri des regards extérieurs, doit être rendue visible ensuite. Ce qui exige de la confiance. Et ne nous méprenons pas : la confiance dont il s'agit ici, comme celle qui manque cruellement à l'intérieur de la direction comptable, ne relève pas de la psychologie mais de l'éthique, du respect de la promesse. Quelle promesse ? Celle de l'équité des jugements qui seront portés sur les difficultés rencontrées dans l'exercice du travail, sur la qualité des aménagements par lesquels le salarié y aura répondu. Cela suppose de prendre le temps nécessaire aux retours d'expérience et aux délibérations que cela entraîne ; en d'autres termes, un véritable investissement d'ordre immatériel. Ces jugements concernent le travail et non la personne. Ce n'est que dans un second temps que le salarié pourra en faire un élément d'accomplissement, grâce à la reconnaissance qui lui sera octroyée, en contrepartie de sa contribution à l'organisation du travail. Nous mesurons là la distance qui sépare la situation dans cette direction comptable de ces conditions nécessaires à une organisation vertueuse du travail. Pour ne pas enfermer l'individu dans la solitude, l'intelligence dont il fait preuve au quotidien doit être rendue visible, discutée avec ses collègues et sa hiérarchie, afin que l'engagement de sa subjectivité et de son intelligence soit reconnu d'une part, que la responsabilité des tricheries nécessaires soit assumée collectivement d'autre part. Dans cette entreprise, le secret est la stratégie choisie à tous les échelons de la hiérarchie, les espaces de discussion ont disparu et de toute façon, la visibilité est inenvisageable dans ce contexte de défiance généralisée, tout autant que l'arbitrage qui doit permettre de coordonner les intelligences singulières au sein des espaces de délibération et qui revient naturellement au manager. Il s'agit pourtant aujourd'hui de reconnaître que la portée économique du temps de travail n'est pas homogène et qu'il existe, à côté du temps de travail directement productif, un temps dédié à la régulation et un autre aux investissements immatériels.

Lorsque l'évaluation n'est plus qu'un moyen d'intimidation et de domination qui freine la création de valeur, l'individualisation, la concurrence et la peur déterminent les relations entre les individus, les conduites déloyales se multiplient, et la souffrance explose. Des stratégies de défense se mettent en place, qui visent à protéger la santé mentale mais qui peuvent aussi constituer de puissants ressorts dans l'acceptation de la domination, voire la servitude volontaire. Puisqu'il n'existe plus aucune solidarité, ces stratégies se conjuguent au singulier. Dans l'économie de service, où les salariés doivent effectuer l'arbitrage entre les sollicitations du bénéficiaire et l'offre générique dont ils disposent, il existe différentes stratégies pour contrer une solitude qui devient insupportable lorsque le travail réel n'est pas reconnu : lâcher prise au profit du bénéficiaire, au contraire tenir coûte que coûte face à lui, ou renvoyer le dossier à un collègue ou encore rechercher un compromis. Si les salariés sont seuls à endosser la responsabilité de ces arbitrages inévitables, cela a des conséquences sur leur santé mais aussi sur la qualité de la prestation, l'image de l'entreprise, et notamment la confiance qu'elle inspire, ou pas, à l'extérieur, sur son modèle économique.

Dans notre service comptable, les stratégies de défense s'organisent en miroir. La directrice, lasse des erreurs, manquements, retards, réticences de ses adjoints à lui signaler les anomalies, développe une stratégie déjà observée dans d'autres milieux professionnels, la « psychologie spontanée péjorative des cadres », selon laquelle ce qui ne fonctionne pas bien se trouve psychologisé[1]. Ignorant de plus en plus le travail réel de ses adjoints, la responsable les juge « pas à la hauteur », déloyaux, inconscients des responsabilités qui leur incombent, éventuellement de « mauvais esprits », qui refusent d'obéir aux ordres et aux prescriptions. Quant aux adjoints, ils font front commun face à la directrice, et leur cohésion se traduit par l'absence d'esprit d'équipe, la rétention d'informations, le repli sur des tâches matérielles, le prétexte de la surcharge de travail leur permettant de ne pas être en communication et en soutien avec elle. Si la cohésion peut être évidemment une condition de la coopération, il existe également un mode de cohésion qui s'y oppose, où l'alliance contre un ennemi commun contribue à ruiner la solidarité. Pour contrer les prescriptions de leur supérieure, ces deux-là jouent sur la hiérarchie multiple et répondent en priorité aux demandes des autres directions de l'entreprise. Du fait de ces deux stratégies de défense qui s'opposent, la communication entre les niveaux hiérarchiques devient de plus en plus ténue. Faute de pouvoir discuter du travail réel, chacun interprète les conduites de l'autre. En d'autres termes, il n'y a bientôt plus de problème de travail stricto sensu. Il n'y a plus que des problèmes de personnes, voire de personnalités. Moins on connaît les obstacles rencontrés, plus on cède à la tentation d'une interprétation dépréciative. Le déni de l'engagement subjectif de chacun dans son travail conduit à mettre en avant l'affectif. L'agressivité, qui émerge désormais sporadiquement, aggrave cette tendance à tout interpréter comme le signe d'un mauvais caractère ou d'une malveillance. Dans ces conditions, comment les deux adjoints auraient-ils pu révéler à la directrice l'existence d'un trou comptable ? Ils ont plutôt opté pour un « bidouillage » qui, s'il avait fonctionné, aurait évité un long travail d'enquête et un conflit ouvert avec elle. En faisant passer ce trou en dépense exceptionnelle, ils ont pris un risque sérieux. Du côté de la directrice, la dissimulation a une tout autre conséquence : cette irrégularité grave en matière de comptabilité publique l'engage sur ces deniers propres.

Dans l'ombre de ce conflit des chefs, le personnel se trouve privé de tout recours fiable à une autorité reconnue. Chacun craint de ne pas être à la hauteur de sa tâche, de commettre des erreurs et de ne pouvoir compter sur aucune indulgence. La stratégie de défense est là encore individuelle, même si elle est pratiquée par beaucoup : se replier sur l'exécution des tâches les plus routinières, bien maîtrisées, celles qui ne nécessitent aucun risque. Compte tenu de la surcharge chronique de travail, il est possible de justifier ainsi l'utilisation complète de son temps de travail. De toutes les questions complexes ou inhabituelles, qui exigeraient une délibération, chacun se détourne. Cet individualisme défensif aggrave la solitude et détruit progressivement toute convivialité entre collègues. Sur le plan économique, le bilan est simple : aucune créativité, aucune valeur créée en raison du manque de reconnaissance et de coopération. Et se solde par la multiplication des pathologies et des arrêts maladie pour cause de dépression ou de pathologie de surcharge. Ces stratégies de défense, qui conduisent donc à un rétrécissement de la subjectivité, s'accompagnent également d'une résistance au changement. Elles ont été coûteuses à mettre en place et l'individu entend les conserver, quitte par là même à pérenniser la situation. C'est bien là l'ambiguïté de ces défenses individuelles, elles se révèlent souvent au service de la reproduction de la domination.

Dans le cas qui nous occupe, elles rendent malaisées notre intervention et la mise en place d'un groupe qui associerait la directrice et ses adjoints. Chacun se méfie de l'autre, porte sur lui un jugement péjoratif, refuse toute communication. En outre, notre principe méthodologique repose sur le volontariat. Nous avons celui de la directrice, mais pas celui des adjoints. Bref, tout nous manque pour débuter notre intervention. Le préalable à toute discussion collective est l'accord de tous les partenaires sur un point fondamental : les dysfonctionnements ne résultent pas de l'incompétence ou de la mauvaise volonté des participants mais, peut-être, de véritables difficultés dans le travail réel, que personne ne sait pour l'instant ni résoudre ni même identifier. Pour cerner ces endroits de résistance, il faut que chacun s'exprime sur son expérience personnelle. C'est seulement au terme de cette investigation qu'il sera possible de comprendre de quoi relève l'incident. Découvrir un trou comptable est une chose. Élucider le processus qui a conduit des gens compétents et honnêtes à cette manipulation douteuse en est une autre. Face aux blocages que nous avons observés, nous commençons à mener des entretiens individuels avec les salariés. Bien nous en a pris car nous finissons par obtenir l'accord de la directrice et des adjoints pour une session de travail en présence des chercheurs.

Reste à établir les conditions d'une intercompréhension : que chacun fasse preuve d'un intérêt authentique pour l'expérience de l'autre. Seule cette communication au sens propre du terme, orientée vers la recherche d'une intelligibilité partagée de la situation, permet de lutter contre le caractère pathogène de l'organisation mise en place. Pathogène au double sens du terme : en ce qu'elle génère une pathologie de la communication, c'est-à-dire la disparition de la convivialité et l'émergence de stratégies de défense qui passent par le jugement péjoratif. Pathogène aussi en ce qu'elle met effectivement tout le monde en situation de souffrance psychologique. Idéalement, les conditions de l'intercompréhension doivent être réunies avant le début des séances de travail. C'est le cas lorsque le volontariat est d'emblée au rendez-vous. Ici, il nous a fallu installer ces conditions peu à peu, au fur et à mesure de la progression de la discussion. Le travail des chercheurs n'échappe pas à la difficile tâche de réduire l'écart entre le prescrit et le réel !

RÉTABLIR LA CONFIANCE ET L'AUTORITÉ

Lors de ces séances de travail, nous invitons chacun à rendre compte de ce qui lui pose le plus de problèmes, concrètement, dans la gestion des dossiers et des affaires qu'il a à traiter. Bien entendu, nous avons clairement exposé qu'il s'agit de discuter de l'organisation du travail et non de la personnalité de chacun. Pourtant une certaine méfiance demeure et, longtemps, les participants préféreront s'adresser aux chercheurs plutôt qu'à leurs collègues présents. Même si, bien entendu, c'est une manière indirecte de communiquer avec eux. La progression des discussions ne nous surprend pas : tous témoignent du poids des contraintes de travail qui pèsent sur eux, mais selon des modalités singulières que les autres, à la vérité, ignoraient jusque-là. Outre la particularité des tâches, apparaît une autre réalité : lorsque nous évoquons certains problèmes, personne dans le collectif ne sait comment les résoudre. La difficulté principale reste l'excès des demandes qui parviennent à la direction comptable. Comment y faire face ? Aucune solution adoptée par l'un ou l'autre ne fait l'unanimité. Car c'est bien un consensus que nous devons rechercher pour débloquer la situation. Cette surenchère de demandes rend nécessaire une hiérarchisation des urgences et des priorités. Or chacun procède à sa façon, ce qui conduit à une incohérence et à des conflits. Autrement dit, il faut réinstaurer le fondement même de la coopération que nous rappelions plus haut : l'accord des intelligences individuelles qui acceptent de rendre visibles les ruses qu'elles utilisent au quotidien pour répondre aux tâches prescrites, de les partager et de les accorder. L'ordre donné aux priorités doit faire régulièrement l'objet d'un débat ou d'une délibération collective où chacun peut effectivement donner son opinion en fonction de sa place dans le procès de travail. Il n'est pas difficile d'imaginer la distance qui nous séparait alors de ce but, même si les premières réunions nous avaient permis de libérer la parole et de diminuer ainsi un peu la méfiance. La qualité de la coopération est le levier essentiel de la productivité, mais elle ne peut s'obtenir que par l'investissement dans des temps de délibération fondés sur des retours d'expérience.

Mais nous savons en outre qu'un autre défi attend ce service. Cette délibération collective implique également qu'un arbitrage puisse être fait dans le cas où aucun consensus ne se dégagerait d'emblée. Nous proposons qu'il soit rendu par la directrice, mais en présence de ses adjoints, en donnant les arguments et les justifications de son choix et de sa décision. Malgré les réticences que nous anticipons, nous demeurons confiants. L'ensemble des salariés sont conscients de l'impasse dans laquelle ils se trouvent. Surtout, ils saisissent aisément ce qu'ils ont à gagner à se plier à ces discussions : ils ne seront plus seuls. Les demandes non traitées, et les plaintes qui les accompagneront inévitablement, pourront désormais être assumées collectivement, par l'arbitrage de l'équipe de direction, souveraine dans ses décisions. La cohésion de l'organisation du travail se fondant sur une délibération collective de l'équipe de direction, personne n'a plus de raison de s'en sentir coupable personnellement. Suspendre l'affectif, ne plus opposer les personnes mais débattre des difficultés liées aux tâches prescrites, reconnaître ainsi l'intelligence effective de chacun, enfin accepter l'arbitrage : notre conviction quant aux effets de ce cercle vertueux ne nous rendait tout de même pas aveugles aux efforts que chacun devrait fournir pour y parvenir, après des années de suspicion et de non-dits.

De fait, plusieurs sessions de travail furent nécessaires pour que nous puissions aboutir à ces conclusions. Et pour que la directrice, avec l'accord de ses adjoints, instaure une réunion de direction hebdomadaire, consacrée à l'analyse du travail réel de chacun. La mise en place de cet espace de délibération était fondamentale à plus d'un titre : parce qu'elle rendait possible l'arbitrage, sans lequel la coopération horizontale ne pouvait pas fonctionner, parce qu'elle contribuait à rétablir l'autorité de la directrice tellement mise à mal, mais aussi parce que l'équipe de direction y trouvait le moyen d'acquérir peu à peu de nouvelles compétences dans l'analyse du travail individuel et collectif. Preuve s'il en fallait que notre intervention n'a rien à voir avec les conseils prodigués par nombre de consultants, qui se contentent de livrer un rapport à la direction générale sans rendre effectives les conditions de son application par les équipes. L'ensemble de notre travail au service comptable fait ainsi l'objet de deux restitutions.

Une première à l'ensemble du département comptable, toutes professions confondues, ce qui permet de valider l'analyse et de constituer un point de vue collectif et partagé par l'ensemble du personnel sur les dysfonctionnements. Loin de se réduire à une opération de communication, cette étape est essentielle pour que les remaniements de l'organisation du travail soient ensuite compris, sinon validés, par tous. L'adjoint en conflit avec la directrice, qui juge notre intervention insensée, décide alors de partir. Pour lui, le problème résidait uniquement « dans l'incapacité de la directrice à formuler des ordres clairs ». À ce stade, de nouvelles réunions d'équipe sont mises en place, qui permettent de discuter des mesures concernant les choix, les mutations, les recrutements.

Dans un second temps, c'est à l'ensemble des cadres de l'entreprise que sont restitués les résultats de l'enquête dans le département comptable, en vue de faire connaître et transférer dans d'autres services les acquis de cette première intervention. Il y a dans les réunions mises en place au sein de la direction comptable et dans ces multiples restitutions, la chance de faire fructifier l'expérience. Nous en étions convaincus. Mais en l'occurrence, la réalité dépassa largement nos attentes.

CERCLE VERTUEUX

Une conviction s'imposa ainsi dès que ces réunions furent pérennisées. La communication directe, par la parole vive, la présence effective de tous les participants, ne saurait être remplacée par les nouvelles technologies de l'information et de la communication. Ce qui se discute et s'arbitre dans ces espaces de délibération, ce ne sont ni des informations, ni des reportings, ni des e-mails, ni des bilans. Parler du réel de son propre travail, c'est toujours faire une sélection préalable dans son expérience entre ce qui semble le plus important et l'accessoire ; le plus urgent et le secondaire ; le plus préoccupant ou le plus pénible et le dérisoire. Cela représente une économie de temps gigantesque par rapport au traitement par chaque individu de la masse d'informations, de e-mails, de dossiers, de demandes qui s'ajoutent, se contredisent parfois, sans que jamais soit prise en compte cette charge de travail supplémentaire. La capacité à dégager des priorités n'est pas une question d'information, elle est le résultat d'une délibération contradictoire entre expériences du travail vivant ou encore entre l'intelligence de la situation, les habiletés et les difficultés de chacun face aux contraintes du réel. Rien à voir donc avec la coordination factice mise en avant lorsqu'un nouveau logiciel exige de chaque salarié qu'il entre ses données, et qui réduit encore un peu plus la communication directe entre collègues. BBBBB en est un bon exemple : les NTIC ont bien souvent été utilisées pour supprimer certains postes, en surcharger d'autres. Érigeant chacun en contrôleur de l'autre, elles se sont révélées ainsi de puissants facteurs de défiance et de solitude.

Dans un département où la surcharge s'est généralisée, le gain de temps réalisé sur le traitement de l'information devient un enjeu de premier ordre. Mais la délibération, grâce aux accords et aux arbitrages qui scandent chaque réunion, permet également de modifier les fondements de l'organisation et d'en faire progresser la pertinence, de bâtir des règles de travail collectives. Et nous avons vu combien l'économie de services rend indispensable de tels appuis : le salarié doit savoir adapter la prestation et les modes opératoires, prendre en charge la relation avec le client. Lorsqu'il lui faut faire coïncider l'offre générique du service que son entreprise propose aux attentes spécifiques du bénéficiaire, il doit pouvoir fonder son arbitrage sur la connaissance d'un ensemble de règles partagées par tous, parce qu'issues d'une délibération collective et débattues régulièrement.

Au sein de la direction comptable, ces accords et ces règles permettent de reconstruire des relations de confiance. Chacun sait quels sont les priorités et les objectifs à atteindre d'ici la prochaine session et se consacre essentiellement à ces tâches définies ensemble, tout en prenant connaissance de l'avancée du travail collectif à chaque étape. Là encore, rétablir la confiance a des conséquences évidentes sur le plan de la santé mentale, mais aussi d'un point de vue économique.

La coopération ainsi reconstituée est le meilleur garant contre les erreurs individuelles, parce que le croisement des expériences et des difficultés subjectives permet en général de révéler des zones d'obscurité qu'un individu isolé n'aurait pas aperçues. Quant à la directrice, elle ne ressent plus le besoin de tout vérifier et de tout contrôler. D'où résulte un allégement considérable de sa charge de travail. La délibération collective et la parole vive engendrent ainsi un gain de temps à tous les niveaux, en évitant la dispersion occasionnée par l'avalanche ininterrompue d'informations et de commandes de toutes sortes ; en réduisant le risque d'erreurs ; en dégageant la direction des activités de contrôle chronophages.

Le cercle vertueux est en place. La directrice se dit soulagée de détenir des éléments de compréhension de la situation, de mettre des mots sur ces différents blocages. Libérée par la confiance mise en place, elle peut à présent se concentrer sur les tâches spécifiques qui lui reviennent. Elle consacre désormais une partie de son temps aux réunions d'équipe tout d'abord, avec son adjoint et l'ensemble du personnel, à l'assistance technique qu'elle peut offrir ponctuellement à l'un ou à l'autre de ses collaborateurs lorsqu'il hésite sur la marche à suivre ou ne parvient pas à résoudre une difficulté ensuite, à la préparation des rapports au comité de direction de l'entreprise sur le fonctionnement de son service, sur le travail réellement effectué par son équipe, sur les orientations et les appuis dont elle a besoin pour en améliorer le fonctionnement. C'est ainsi qu'elle met en place et institue des espaces de discussion dans son service. C'est ainsi qu'elle présente au PDG, lors de son entretien annuel, une note très circonstanciée sur son propre travail, dans laquelle elle définit pour la première fois une orientation pour l'activité et l'organisation du travail de la direction comptable. Si notre intervention a mis en évidence d'importants dysfonctionnements, les salariés se sont engagés dans la recomposition de l'organisation du service. C'est ainsi enfin qu'un an seulement après notre intervention, la directrice pourra même assumer la responsabilité du département comptable d'une autre entreprise, en plus de celui qu'elle dirige déjà. Le gain de productivité pour l'entreprise est indéniable : elle ne consacre plus que deux tiers de son temps à la direction comptable et travaille à présent avec un unique adjoint.

CAS D'ÉCOLE

Quels enseignements tirer de cette expérience ? Elle montre tout d'abord comment la référence au « travailler », c'est-à-dire au travail vivant, permet de procéder à l'analyse d'un « incident », en l'occurrence le « trou comptable » et les divers manquements aux règles du métier comptable qu'il révèle. Un présupposé conduit cette analyse : un incident, qu'on peut qualifier de « grave », comme le fait la direction de cette entreprise, témoigne d'un dysfonctionnement de la coopération dont il est à un moment donné l'expression symptomatique. Il s'agit donc de suspendre le jugement et les sanctions potentielles. En l'occurrence, si des sanctions avaient été prises contre les deux adjoints, il est fort probable que le fonctionnement du département se serait encore davantage dégradé, car cette décision aurait encore aggravé les rapports de méfiance entre les adjoints et la directrice et accentué de ce fait la désorganisation de la coopération verticale. Autrement dit, le recours aux sanctions aurait fonctionné comme un traitement du symptôme et non de la cause.

C'est justement la première difficulté : identifier l'élément-clé qui a conduit à l'incident. Cette recherche se révèle d'autant plus complexe que l'investigation menée sur le travail réellement effectué par les membres du département fait apparaître un nombre certain de dysfonctionnements à tous les niveaux de l'organisation. Comment repérer les processus en jeu ? Là, il faut rappeler le postulat que nous partagions avant de nous lancer ensemble dans cette aventure : seule l'articulation entre la théorie et une attention soutenue au travail réel peut guider l'investigation dans les directions idoines. Comment pourrions-nous résumer la nôtre face à la situation que nous découvrions ? De l'introduction de nouvelles méthodes d'organisation du travail et de gestion dominées par la finance, dans les entreprises au cours des dernières décennies, résulte une dégradation du rapport subjectif au travail. Sont principalement en cause deux pratiques : l'évaluation individualisée des performances et les procédures de « qualité totale ». Les conceptions gestionnaires ignorent ou opposent un déni au décalage entre le travail prescrit et le travail effectif, c'est-à-dire l'écart entre tâche et activité[2]. À la place d'une doctrine de management fondée sur la connaissance du travail réel, elles prônent un management fondé sur le contrôle des seuls résultats mesurables. Or il n'y a justement aucune proportionnalité entre les résultats quantitatifs et le travail effectif qu'il a fallu consentir pour les atteindre. Ces doctrines gestionnaires qui congédient l'analyse de l'écart entre prescrit et effectif au niveau individuel ne traitent pas plus les problèmes soulevés par le travail collectif. Elles prétendent contrôler la coopération par la mesure des performances individuelles de chaque salarié et du chef de service. Cette polarisation sur les résultats individuels conduit immanquablement à la déstructuration de la coopération, jamais évaluée puisque jamais pensée. De ce fait, les managers ont à leur tour les yeux rivés sur les résultats et ne peuvent plus jouer leur rôle spécifique. Méconnaissant le rôle crucial des espaces de délibération, ils ont au contraire tendance à les supprimer, confondant la délibération avec des temps de bavardage non productifs. De plus, cette focalisation sur les résultats passe à côté des effets de réflexivité.

Dans le cas de cette direction comptable, mais on retrouve le même travers dans la plupart des organisations aujourd'hui passées sous la férule des sciences de gestion, la coopération se réduit à la recherche des compatibilités entre le travail de chacun et les formes imposées par les objets techniques. En l'occurrence avec le logiciel BBBBB, supposé capable d'harmoniser et de rendre compatibles les modes opératoires de tous les salariés de l'entreprise. En d'autres termes, le recueil des résultats du travail et des informations qui y sont liées, remplace le partage par la parole de l'expérience du travail effectif et des difficultés occasionnées par le réel. Cette communication autour du travail réel est irréductible à la transmission et à la centralisation des informations par le truchement des logiciels et des NTIC. Dans le cas présent, le privilège accordé au logiciel BBBBB et à son amélioration absorbe toute l'énergie et l'essentiel des efforts des membres du département, tandis que tous les espaces de délibération collective ont été systématiquement supprimés. Conséquence immédiate, les difficultés réelles du travail ne sont plus discutées collectivement et restent donc abandonnées à l'intelligence et au zèle individuels. Les informations portées sur les factures sont de plus en plus complexes et engagent des relations avec les partenaires, les clients, les fournisseurs et les chefs de projet. L'écart entre le prescrit et le réel est tel que la directrice a beau multiplier les consignes, chacun doit trouver d'autres ressources pour remplir sa tâche. Chacun ruse alors à sa façon et dans son coin. L'effet de divergence s'accroît. Dans l'ombre de la coopération réduite aux compatibilités avec l'objet technique, se développent inévitablement des tricheries, qui faute d'être reprises collectivement dans des espaces de délibération deviennent immanquablement secrètes et bientôt clandestines. Et pourquoi pas frauduleuses comme dans l'incident du « trou comptable » ? C'est ainsi que la pseudo-coopération ruine la coopération fondée sur la référence au travail réel et que les tricheries clandestines ruinent l'autorité du manager. Il n'y a qu'une manière de sortir de cette impasse : rendre visible le travail, en parler devant les autres. La directrice doit apprendre aussi à défendre l'activité de son département en comité de direction, pour éviter le cercle vicieux entre demandes et critiques incessantes de la part des autres directions. Les deux adjoints n'ont pas agi par malveillance, stupidité ou paresse. Seule la référence au travail réel offre la possibilité de dépsychologiser et de stopper le conflit. Si l'on part de l'idée que dans leur grande majorité les êtres humains essaient de bien faire leur travail, qu'il existe une rationalité dans leur conduite, seule cette connaissance du travail réel permet de comprendre comment ils sont parfois amenés à agir contre leur propre sens moral. Si l'atmosphère avait été meilleure et que le débat eût pu se tenir, peut-être une autre façon de gérer la situation aurait-elle été choisie, peut-être auraient-ils assumé ensemble ce trou comptable puisque l'argent avait bien été encaissé, même s'il n'avait pas pu être enregistré dans le logiciel. Mais trouver une solution commune suppose de la confiance et du temps réservé aux retours d'expérience, aux pratiques déontiques, à ces investissements immatériels essentiels au devenir des services.

Et comme la centralisation des informations ne remplace pas la délibération fondée sur la parole vive, les managers ne parviennent pas à se faire une idée convenable du travail effectué et de la qualité. C'est pourquoi, pour compléter les informations dont ils disposent, ils en demandent constamment d'autres : reportings, périmés dès qu'ils sont fournis, aussi incomplets que les précédents et aussi inaptes à rendre compte du travail réel. Véritable poison pour le déroulement du travail proprement dit, ils entraînent en revanche une surcharge de travail sans jamais permettre au manager de « piloter » le procès du travail de son équipe. À tel point que les travailleurs ne savent même plus hiérarchiser les priorités : faut-il privilégier les reportings qui ne portent que sur les résultats du travail, ou l'accomplissement des tâches qui passe par le travail vivant ?

Dans l'ensemble de l'entreprise, il a été possible par la suite de remettre la question du travail au centre, ce qui s'illustre en particulier par une procédure nouvelle. Toute personne qui quitte l'entreprise est conviée à faire un bilan rétrospectif de ses activités dans l'entreprise, avec deux salariés de l'entreprise, choisis pour leur ancienneté et la connaissance qu'ils ont donc de l'activité. Il s'agit d'échanger sur le motif de leur départ, s'il est vécu avec soulagement ou avec regret. Les volontaires ont été faciles à trouver et ces entretiens se sont révélés remarquables. En effet, dans ce moment-clé, les individus se livrent comme ils n'ont jamais osé le faire auparavant. Loin de se limiter à formuler critiques ou frustrations, ils s'attachent à expliquer ce à quoi ils sont attachés, ce qui a motivé leur candidature des années auparavant et ce qui provoque un serrement de cœur au moment de partir. En somme, ils parviennent à définir où se loge le plaisir au travail, dans la marge de manœuvre laissée à chacun, le soutien des référents, les réunions d'équipe, les groupes de pairs... Le savoir acquis grâce à ces discussions mérite d'être remonté et débattu en comité de direction. Il recèle ce qui apparaît précieux aux yeux des salariés, ce que l'organisation ne doit pas sacrifier mais au contraire faire fructifier et consolider. Cette intervention, comme nos autres expériences de terrain, montre comment s'affrontent constamment deux logiques contradictoires : maintenir une logique industrielle, y compris dans les activités de service, en réduisant ce dernier à un quasi bien, normalisé voire standardisé, ou soutenir une logique servicielle, en plaçant, au cœur de la création de la valeur, le travail réel et le service rendu aux bénéficiaires internes ou externes à l'entreprise.

Ce que montre aussi cette intervention, c'est la nécessité de faire reconnaître la démarche suivie et les espaces de discussion créés par les plus hautes instances, afin que le processus s'inscrive dans la durée. La situation que nous y avons trouvée ressemble tant à celle que connaissent aujourd'hui nombre d'entreprises, tous secteurs confondus, que les solutions que nous sommes parvenus à faire émerger peuvent sans aucun doute être fertiles ailleurs. Pour rebâtir les fondements de la coopération verticale, en particulier l'autorité du manager, il faut se déprendre de l'emprise de la gestion et des systèmes numériques d'information, se tourner vers le travail vivant et réhabiliter des espaces de délibération collective qui lui soient consacrés, comme de véritables investissements à installer, stabiliser, protéger et enfin instituer. Autant dire que le manager a un rôle crucial et doit acquérir de nouvelles habiletés, qui fondent son intelligence au travail. Disons-le d'emblée : sa mission principale est de rendre possible la coopération dans son équipe. Mais comment décrire ces compétences plus précisément, comment caractériser les tâches qui reviennent au manager qui s'efforce de reconstruire la coopération au sein d'une équipe ? Cette intervention, comme nos autres expériences de terrain, le montre : de la redéfinition du management dépend l'organisation future du travail.

2

Les nouveaux managers

Aborder le management comme un travail n'est pas une démarche habituelle, surtout depuis le tournant gestionnaire des années 1980, qui privilégie les « contrats d'objectifs », « l'évaluation individuelle des performances » et les procédures de « qualité totale ». Mais, dans l'ombre des succès remportés par de telles méthodes de management et de gestion, les rapports entre l'individu et le travail se sont sensiblement détériorés, au point de faire surgir de nouvelles maladies, nous rappelant cette triste vérité : lorsqu'une organisation du travail entrave l'exercice de l'intelligence et sa reconnaissance, elle génère immanquablement de la souffrance chez les travailleurs et de la destruction de valeur. Pour surmonter les obstacles ainsi construits à l'exercice de leur intelligence et à la qualité de leur travail, les salariés s'engagent alors dans des efforts supplémentaires qui sont largement en cause dans les pathologies mentales, jusques et y compris dans l'apparition des suicides sur les lieux de travail.

Ajoutons que les activités de service mettent d'autant plus en avant la nécessité de revoir les fonctions managériales, constamment confrontées à l'incertitude. Nous l'avons dit, pour rendre un service effectif au bénéficiaire, le salarié doit procéder à des arbitrages. Autant dire qu'il peut facilement se sentir très seul face à ses responsabilités, s'il ne peut pas se reposer sur des règles de métier, sur une doctrine et sur l'autorité d'un manager. Autant dire aussi que la qualité du service peut se trouver facilement dégradée si ce même salarié se désinvestit pour se protéger de la souffrance ressentie. Si l'absence de mobilisation de la subjectivité a des conséquences économiques négatives certaines, il est possible à l'inverse de cerner deux types de dispositifs qui peuvent être considérés comme des leviers de performance : la mise en place d'espaces de délibération favorisant les retours d'expérience et les échanges de pratiques, d'une part ; la mise en place de dispositifs d'évaluation de la coopération, d'autre part. Les salariés peuvent ainsi analyser ensemble les différents arbitrages et astuces, identifier les modifications éventuelles à apporter à l'offre générique, dégager des modes opératoires et ainsi faire remonter au manager des pistes d'innovation. Cette nouvelle dynamique économique associée à la coopération induit de plus en plus des jugements de valeur plaçant la subjectivité au centre des ressources. Mais ces leviers économiques supposent une approche managériale qui tienne compte du travail réel, c'est-à-dire qui reconnaisse ces arbitrages comme constitutifs des activités de service.

CONNAÎTRE ET RECONNAÎTRE LE TRAVAIL RÉEL DE SES SUBORDONNÉS

Le changement est profond. Les ressources qu'il revient au manager de mobiliser, ne relèvent pas de l'ingénierie mais d'un engagement de la subjectivité. Cela suppose qu'il comprenne ce que la création de valeur doit à la dynamique de travail de ses équipes. Et qu'il accepte le risque au cœur même de son travail. Son rôle est d'éclairer ce qui se passe au regard de ce qui risque de se passer si l'on ne répond pas de manière adaptée. Cela nécessite donc d'abord de connaître la situation, de vivre les évènements au-delà des reportings. Autrement dit, de ne pas confondre les informations et les connaissances avec les données, et de se sentir concerné en contribuant à identifier la direction dans laquelle le salarié doit exercer son autonomie. Cela suppose ensuite de comprendre et de communiquer. L'analyse de la portée stratégique des évènements et l'attention aux signaux faibles méritent une place tout aussi importante que la gestion. Elles seules permettent de déclencher des retours au réel, d'ouvrir un espace où les difficultés du travail vivant sont débattues : l'espace de délibération.

Rappelons-le, les travailleurs n'exécutent jamais exactement les prescriptions. Lorsqu'ils s'en tiennent strictement à l'exécution des ordres, cela s'appelle la « grève du zèle » et le procès de travail tombe en panne. Dans tout travail surviennent des incidents, des dysfonctionnements, des pannes, des « bogues » qui n'ont pas été prévus par l'organisation du travail. Le mode opératoire effectif implique donc toujours des écarts par rapport aux prescriptions et des infractions aux ordres ; des « tricheries » qui ne sont pas principalement motivées par le plaisir de la transgression, ni le désir de frauder, mais par l'effort pour bien faire. En dépit de son intelligence et de son zèle, il arrive parfois qu'un travailleur ne parvienne pas à surmonter les obstacles que le réel oppose à la tâche, ou hésite sur la démarche à suivre.

La première fonction du manager, c'est ainsi d'apporter une assistance professionnelle à ses subordonnés. Elle implique que le manager ait une connaissance du travail vivant, et qu'il ait le goût et la capacité de transmettre son expérience et ses connaissances techniques sur le procès de travail. Un manager compétent est amené à comprendre les difficultés que rencontre chacun de ses subordonnés dans la réalisation d'un acte technique.

ENTRETENIR LA CONVIVIALITÉ ET LA CONFIANCE

Un collectif de travail, stricto sensu, n'est constitué que sur la base des règles qu'il a bâties par la délibération collective. Lorsqu'un accord est obtenu, par consensus ou par arbitrage et qu'il est enregistré et stabilisé, il constitue un accord normatif. Lorsque plusieurs accords normatifs s'articulent entre eux, ils constituent une règle de travail. Lorsque plusieurs règles de travail sont articulées entre elles, elles constituent des règles de métier. Et lorsque ces règles dépassent le périmètre de l'organisation ou de l'entreprise, elles deviennent des conventions professionnelles. L'activité de production de règles est donc fondamentalement un processus bottom-up. Désigné au plan théorique sous le nom « d'activité déontique », elle repose sur la possibilité de contester l'organisation du travail prescrite, non pour la détruire mais pour la faire évoluer, la rendre à la fois plus efficace et plus juste au regard de chaque membre du collectif. Toute règle de travail est à la fois référée à l'efficacité de la coopération dans le monde objectif (qualité, productivité, sécurité, sûreté) et au vivre ensemble au sein du collectif de travail, parce qu'elle est fondée sur des arguments mixtes qui traitent non seulement de l'efficacité, mais des préférences psychologiques, sociales, éthiques et politiques de chaque travailleur qui s'exprime. Le vivre ensemble, la convivialité ne sont pas un supplément d'âme de l'entreprise, et ne se forment pas dans un espace spécifique ou par des initiatives et des exhortations extérieures au travail vivant. La convivialité est une production de l'activité déontique, et c'est elle qui témoigne des conditions nécessaires à l'exercice des intelligences singulières. La convivialité, de surcroît, fondée sur la délibération collective et la parole vive, est aussi le ciment du vivre ensemble, du respect de l'autre, de la prévenance, de l'entraide et de la solidarité. C'est pourquoi la coopération fondée sur l'activité déontique est un élément fondamental de la santé mentale au travail. L'activité déontique est, pour le dire autrement, ce qui permet à chacun de ne pas se sentir seul, vis-à-vis du réel du travail, vis-à-vis de la hiérarchie et du commandement, et vis-à-vis du risque en cas d'erreur.

Témoigner de son travail, prendre la parole pour défendre une opinion n'est possible que si la confiance existe. La confiance repose principalement sur l'équité entre la parole et l'écoute. Celui qui parle prend un risque. Il y a équité lorsque celui ou ceux qui écoutent prennent un risque équivalent. Car le risque d'écouter, c'est d'entendre les arguments de l'autre, de se voir déstabilisé dans ce qu'on tenait jusque-là pour vrai et pour juste, et devoir modifier sa propre position et ses croyances. La seconde fonction du manager, c'est d'entretenir la confiance par sa capacité d'écouter ses subordonnés, non seulement individuellement, mais surtout collectivement. Écouter est une pratique difficile qui demande du temps, de l'expérience et de l'habileté. L'arbitrage du manager n'est rationnel que s'il est fondé sur cette écoute, toujours risquée pour lui aussi. Lorsque l'on n'est pas suffisamment attentif à cette question, comme on a pu le voir dans la direction comptable au début de notre enquête, l'ambiance se dégrade inévitablement. La confiance n'est pas quelque chose de naturel. Et il ne s'agit pas seulement de l'identifier comme une question cruciale mais de mettre en place des dispositifs, de lancer des initiatives. Organiser des réunions de travail entre pairs, sans leurs supérieurs hiérarchiques, est un geste fort de confiance de la part de la direction, qui reçoit en retour celle des salariés.

COORDONNER LES INTELLIGENCES ET FAVORISER LA COOPÉRATION : LE RÔLE CLÉ DES ESPACES DE DÉLIBÉRATION

Pour pouvoir s'exercer convenablement, l'intelligence individuelle a besoin de s'articuler avec celle des autres. La coopération, entendue comme une coopération des intelligences, alimentée par la compréhension des contraintes des autres et la prise en compte de celles-ci dans les arbitrages, est effectivement une condition sine qua non de la qualité du travail et du plaisir au travail. Mais la coopération des intelligences n'est pas naturelle. Elle est le résultat d'une construction subtile. Elle est de surcroît précaire et doit constamment être réajustée. C'est précisément la responsabilité du manager que d'entretenir les conditions favorables à l'exercice de l'intelligence individuelle de chaque travailleur et de l'intelligence collective, c'est-à-dire de la coopération. Contrairement à ce que prône la doctrine gestionnaire dans le privé comme dans le public, diriger, cela ne se réduit pas à fixer des objectifs à ses subordonnés, et à mesurer ensuite leurs performances, en y ajoutant éventuellement un zeste de leadership, d'animation d'équipe, d'exhortation ou de menace. Au sein du département comptable, il existait une forte individualisation du travail. Chacun faisait des efforts, avec le sentiment récurrent de dépasser le travail prescrit. Mais sans coopération, le travail de l'un peut nuire à celui de l'autre, provoquant ainsi des retards récurrents et une destruction de valeur.

L'activité ne se réduit pas à un rapport individuel à une tâche. On travaille en général pour les autres : pour les collègues de l'équipe, pour un chef, pour ses subordonnés, pour des clients. Chaque travailleur trichant à sa façon, en fonction de son intelligence, de son âge, de son sexe, de son expérience, de ses goûts, de ses talents… les risques d'incohérence, voire de contradictions ou de conflits entre travailleurs d'un même collectif, sont nombreux. Le zèle de l'un peut nuire au travail de l'autre. Il est donc nécessaire d'avoir des directives pour mettre les intelligences singulières en cohérence et les énergies en convergence. C'est ce qui relève de la coordination qui consiste essentiellement à répartir le travail entre les membres d'une équipe, à fixer les objectifs de chacun, à hiérarchiser les priorités, à organiser le déroulement et l'enchaînement des tâches. C'est la troisième fonction du manager : coordonner les intelligences pour obtenir leur harmonisation voire leur synergie et susciter la coopération.

Répartir les tâches et contrôler les résultats de chacun, la plupart des managers semblent effectuer ce travail. C'est oublier qu'au niveau collectif, cette coordination est le pendant de la prescription au niveau individuel. Comme les travailleurs ne respectent jamais les ordres dans leur intégralité, se pose le problème d'une interprétation collective et partagée, des directives. Lorsqu'un collectif parvient à une interprétation commune, on aboutit à la formation d'une coopération. La compréhension collective du décalage entre coordination et coopération implique que chacun sache comment l'autre triche avec les consignes et les prescriptions. La transparence ne suffit pas : il faut en passer par la mise en visibilité, c'est-à-dire par un effort pour rendre intelligibles les *modus operandi* de chacun dans l'équipe, un effort qui suppose la confiance entre les travailleurs. Or cette confiance, en tant que ressource immatérielle stratégique, n'est pas un cadeau, il faut la construire et l'entretenir, elle est le résultat d'un processus complexe qui n'engage pas que la coopération horizontale, mais aussi la coopération verticale et la coopération transverse[1]. La délibération collective sur les modes opératoires permet de distinguer ce qui est acceptable et ce qui ne l'est pas, ce qui est efficace et ce qui l'est moins, ce qui doit être écarté ou interdit… Dans le meilleur des cas, elle aboutit à un consensus. Dans d'autres cas, il faut en passer par un arbitrage. Dans tous les cas, la quatrième fonction du manager est d'entretenir les espaces de délibération entre membres de l'équipe, selon deux dynamiques : un espace formel de discussion (réunion d'équipe, réunion de staff, briefing et débriefing, réunion de synthèse) où les décisions sur la manière de travailler ensemble sont dûment enregistrées et valent comme références pour toute l'équipe qui représente sur le plan économique un investissement immatériel ; un espace informel qui se localise dans les espaces de convivialité (cafétéria, vestiaire, office, cuisine, secrétariat, pots, arrosages, espaces festifs), où sur le mode du jeu ou de la dérision souvent, les décisions prises dans l'espace formel sont reprises, commentées, critiquées, brocardées et où chacun peut s'informer sur le jugement des autres à propos des décisions prises dans l'espace formel. Le manager doit savoir reconnaître que les espaces comme les temps de convivialité et de régulation ne sont pas un supplément d'âme, mais un moteur fondamental de la coopération. Sur le plan économique, ce sont des investissements immatériels[2]. Il ne doit pas combattre, dénoncer, ni interdire ces espaces informels. Cela signifie qu'il ne les considère pas comme des temps non productifs, mais qu'il y voit, au contraire, le signe d'une activité développant la confiance au sein des équipes.

TRADUIRE LES DIRECTIVES

Le manager est aussi l'obligé de la direction, à laquelle il doit la loyauté. Il lui revient donc maintenant de faire redescendre vers ses équipes les directives et les orientations qui viennent de la direction. Là encore, il doit trouver les formes dans lesquelles ces directives peuvent être entendues, comprises et acceptées par ses subordonnés. La responsabilité d'un manager ne se réduit en aucun cas à la stricte transmission des consignes et objectifs. Il traduit les ordres qu'il reçoit, en fonction de la compréhension qu'il a, de ce que cela implique comme orientations à donner au travail concret de ses subordonnés, dans le contexte spécifique qui est le leur.

C'est donc un rôle de traducteur que le manager endosse, des messages qui lui viennent du bas et du haut. C'est dans ce savoir-faire spécifique que consiste le « travailler » propre du manager, que nul autre ne peut faire à sa place. Que signifie par exemple l'installation du nouveau logiciel pour le département comptable ? Conscients des connaissances centrales qu'ils détiennent, la directrice et ses adjoints acceptent, par loyauté aussi, la mission de piloter et d'accompagner cette mutation technologique. Mais sans interpréter les enjeux de la mise en place de ce logiciel, sans comprendre l'ambivalence propre à toute innovation technique, il est impossible pour la directrice d'anticiper la surcharge de travail et de faire remonter les problèmes que pose l'installation de ce logiciel en comité de direction.

Ce travail de traduction et d'interprétation consiste toujours, dans une certaine mesure, à prendre une distance vis-à-vis des ordres. La loyauté et la bonne foi ne suffisent pas. Aucun savoir-faire, aucune habileté en soi n'expliquent seuls les écarts que commet le manager par rapport aux ordres et aux prescriptions. Ces écarts sont du même ordre que les tricheries de tous les travailleurs lorsqu'ils sont forcés de faire coïncider le prescrit et réel. Cependant, il y a là une particularité de la fonction managériale. La légitimité de ces écarts peut certes faire l'objet de débats lorsque de véritables collectifs de managers existent. Il n'empêche ! Il existe toujours une phase où le manager est seul face à cette responsabilité.

Comme tout travailleur cependant, il a à interpréter les ordres, en fonction de ce qu'il connaît du travail vivant dans les équipes qu'il dirige. Il prend de ce fait un risque vis-à-vis de ses chefs, dont il doit pouvoir se justifier lorsque devant eux il témoigne de son travail de manager. C'est donc ici la cinquième fonction du manager : relayer vers le bas les directives de l'entreprise, en assumant l'interprétation qu'il en fait pour les services qu'il dirige.

Pour orienter sa décision, il a alors besoin d'un socle sur lequel appuyer son interprétation, au-delà des ordres, prescriptions et directives dans leur littéralité : la « doctrine » de l'entreprise, un ensemble de notions qui permet d'interpréter les faits et de diriger l'action, de références théoriques, d'éléments d'expérience mais aussi de valeurs axiologiques, sur les plans éthique et politique, qui servent de référence commune. De ce point de vue, la doctrine n'est pas un cahier des charges, elle ne fournit pas de réponses immédiatement opérationnelles à des problèmes concrets, plutôt des principes, précis dans leur formulation mais pas dans leur application.

Comme il existe toujours un écart entre la prescription et la réalisation, les salariés sont amenés à adapter les ordres en fonction du contexte et en référence à cette doctrine. Lorsqu'il s'agit de partager les expériences de travail afin de parvenir à des règles communes pour l'activité, les salariés s'appuient sur la doctrine. Lorsqu'il s'agit d'arbitrer entre différentes manières d'interpréter les prescriptions, le manager se fonde aussi sur elle. Lorsqu'il constate les manquements répétés de ses subordonnés à ses principes, il a pour mission de *remettre en discussion* la doctrine. C'est la sixième fonction du manager. La doctrine est ainsi un instrument de mise en cohérence, dont l'absence ou la perte renvoie chacun à la solitude. Si vous êtes seul à rendre un arbitrage difficile, sans référence à une doctrine claire, vous en portez seul la responsabilité. Au sein de l'entreprise, les chefs de projet étaient amenés à prendre des décisions qui impliquaient des chiffres d'affaires importants, parfois le choix de rompre avec un prestataire. Ne pas partager la responsabilité de ces décisions lourdes humainement et économiquement, ne pas pouvoir faire valoir les raisons de leur arbitrage et les discuter avec les autres en toute confiance, tout cela fait naître la plus grande souffrance. Et nuit à la qualité et à l'efficacité du travail de manière évidente.

ARBITRER ET ASSUMER SES DÉCISIONS

La décision d'arbitrage se fait nécessairement en faveur d'une opinion, donc au détriment de celles d'un ou de plusieurs autres qui en éprouvent inévitablement de la frustration, voire du ressentiment. Ces obstacles ne seront surmontés que si existe une dimension supplémentaire qui accroît la puissance de la décision, à savoir : l'autorité du chef, la discipline des membres de l'équipe, la loyauté vis-à-vis des décisions rendues. Pour que l'arbitrage ait un effet opérationnel, il doit être précédé d'une délibération. Il peut alors être considéré comme légitime et pertinent par les salariés qui se l'approprient.

L'autorité est généralement considérée comme l'ingrédient principal de la coopération verticale. Elle procède de deux origines distinctes. La première est l'autorité conférée par le haut, par la hiérarchie et la direction de l'entreprise. Elle repose non seulement sur un statut et une place dans l'organigramme, mais sur le pouvoir de sanction-gratification des subordonnés. Lorsque l'autorité n'est fondée que par le haut, elle se rapproche d'un pouvoir reposant sur la peur et la menace à moins que ce ne soit sur le chantage. Une telle autorité nuit à l'espace de délibération, à la confiance, à la contestation de l'organisation prescrite, à la confrontation des opinions, à l'activité déontique, à la convivialité et à la santé des travailleurs, à leur créativité et à la création de valeur. Réduite à cette fondation par le haut, l'autorité n'est qu'une forme de domination.

L'autorité ne se concrétise vraiment que si elle procède d'une fondation par le bas, c'est-à-dire lorsqu'elle est conférée par les subordonnés. Cette autorité provient d'abord de la compétence du manager, c'est-à-dire de sa capacité à apporter des conseils et une assistance professionnelle, première fonction du manager. Mais l'autorité du manager se fonde aussi sur sa capacité à écouter et à prendre des décisions ; à en assumer les conséquences, en aval comme en amont. Lorsqu'un arbitrage se révèle inefficace ou erroné, le manager doit accepter la critique par les subordonnés et rectifier sa décision.

Lorsqu'il fait remonter vers la direction de l'entreprise ce qu'il sait du travail sur le terrain, de l'expérience de ses subordonnés, de leurs efforts, et de l'interprétation collective des directives, prescriptions et ordres, il témoigne de sa propre expérience de manager devant les autres managers. Il est conduit, alors, à défendre les décisions fondées sur la délibération collective dans les équipes qu'il dirige. Le manager, en tant qu'il est dépositaire de l'expérience du travail vivant de son équipe ou de ses équipes, porte la responsabilité de la faire remonter à la direction. Il lui revient de concevoir les formes dans lesquelles il peut faire entendre par le comité de direction les difficultés auxquelles se heurtent ses subordonnés afin que l'entreprise bénéficie de leur intelligence. Ces formes sont essentielles pour que certaines règles issues de l'activité déontique des équipes soient validées par la direction, qu'elles ne restent pas à l'état de règles locales plus ou moins précaires, mais qu'elles soient reconnues et stabilisées, voire instituées, c'est-à-dire répercutées au niveau de toute l'organisation du travail. C'est ainsi qu'une organisation du travail peut évoluer en fonction des conditions réelles de travail sur le terrain.

Ce processus implique parfois de véritables négociations avec la direction, jusques et y compris la remise en cause de certaines orientations ou directives que le manager juge incompatibles avec l'expérience des équipes. Ainsi revient-il au manager de discuter les directives en fonction de ce qu'il pense possible de demander à ses subordonnés. On retrouve, en somme, ici, les éléments constitutifs d'une délibération collective et d'une activité déontique, mais cette fois au niveau du comité de direction, qui est aussi un collectif de travail au sein duquel la coopération exige que chaque responsable formule ses opinions. C'est sur la qualité de cette activité déontique vers le haut, que se fonde l'autorité d'un supérieur. Elle requiert une habileté rhétorique grâce à laquelle le manager parvient à se faire entendre de la direction et à obtenir avec cette dernière les compromis favorables à l'exercice de l'intelligence individuelle et collective de ses subordonnés.

Car ce faisant, le manager rend un service réel à ses équipes. Il les protège des risques de représailles grâce à l'institutionnalisation des règles de travail, et il montre que la parole de ses subordonnés peut avoir un impact effectif sur l'évolution de l'organisation du travail et de l'entreprise, voire sur sa compétitivité vis-à-vis de la concurrence. Il maintient ainsi les conditions favorables à l'exercice de leur intelligence et donc du plaisir au travail, qui ont un rapport direct avec la santé mentale au travail et la performance économique. La septième fonction du manager, c'est donc le courage d'assumer ses décisions, ne pas se contenter de transmettre des ordres venus d'en haut, en se déchargeant de la responsabilité de ce qu'ils impliquent pour ses subordonnés. Le manager, dans l'exercice de l'autorité qui lui est conférée par ses subordonnés, est d'une certaine façon l'obligé de ces derniers. Il est l'obligé de ce qu'il a effectivement été capable d'entendre en les écoutant.

CONTRIBUER À L'ÉCRITURE DE LA DOCTRINE

Au sein d'une entreprise, la doctrine renvoie aux orientations générales et à la place qu'elle prétend et souhaite occuper dans l'organisation sociale, économique, culturelle et politique actuelle ; ce qu'elle est capable d'anticiper sur le moyen et le long terme. La participation à *l'élaboration* de la doctrine de l'entreprise relève de la responsabilité des managers vis-à-vis de la cité. C'est ce qui constitue la huitième fonction du manager dans une entreprise.

La doctrine est un langage commun en vue d'une œuvre commune. C'est aussi un domaine fort malmené depuis le tournant gestionnaire dans le monde du management. La situation dans l'agence en donnait une illustration. La baisse des revenus fonciers mettait en exergue une question bien plus fondamentale : quelle est la véritable mission ? Faire du chiffre ou de l'aménagement ? En quoi réside la spécificité de l'entreprise vis-à-vis de ses partenaires et de ses concurrents ? Ces dernières décennies, l'élaboration de la doctrine est progressivement devenue une activité marginale, un discours de façade, lorsqu'elle n'a pas été simplement abandonnée, remplacée par des objectifs de rentabilité et de marge bénéficiaire.

Dans le même mouvement la référence au travail a été écartée, et l'exaltation de la seule performance individuelle par l'évaluation individualisée et quantitative des performances a déstructuré la coopération et le vivre ensemble. Si la compétitivité et la pérennité d'une entreprise reposent fondamentalement sur la coopération, alors il est nécessaire de remettre au travail la discussion sur la doctrine dans les entreprises. Une entreprise n'est pas seulement une machine à produire du profit pour les actionnaires. Une entreprise assume, de facto, une place dans la société. Ou bien elle renouvelle le vivre ensemble, ou bien elle contribue à le détruire, non seulement en son sein, mais à l'extérieur, dans la cité, car il n'y a pas d'indépendance entre conduite dans et hors du travail. L'entreprise doit donc traiter la question des rapports entre son organisation du travail et son management d'une part, leur impact sur l'évolution de la société d'autre part. C'est particulièrement évident pour les entreprises engagées dans des activités de service et pour les services publics, mais également pour les industries dans les domaines de la pétrochimie, de l'électricité ou des produits agricoles. L'implication des managers dans le débat avec la direction est le fondement de toute discussion doctrinale. Et la contribution du manager consiste ici à chercher la continuité entre le travail ordinaire et la civilisation, c'est-à-dire non seulement avec les œuvres humaines qui sédimentent dans la culture, mais avec le savoir-vivre et le vivre ensemble qui organisent la cité et permettent de conjurer la violence dans le traitement des conflits entre les êtres humains.

Dans la logique industrielle, la doctrine cristallisait des éléments techniques qui avaient intégré les avancées scientifiques. Dans la logique servicielle, les procédures n'ont pas les mêmes fondements théoriques, les remontées d'expérience, seules, ne suffisent pas à construire une nouvelle doctrine. La confrontation avec les sciences sociales, notamment celles du travail, est devenue indispensable. C'est la responsabilité du manager de se documenter, de solliciter l'intervention de chercheurs préoccupés par le rapport entre les sciences sociales et l'action. C'est la force opérationnelle des concepts qui nous intéresse, au-delà de leur pertinence théorique. Ils contribuent à penser différemment l'action. Ils s'imposent dans des situations précises de travail et non au regard d'un cheminement strictement intellectuel. En fin de compte, la doctrine est cet ensemble de concepts issus de la confrontation entre expérience et théorie. Elle n'est jamais stabilisée, toujours en mouvement.

3

Un tournant économique

De nouvelles modalités de création de la valeur

Lorsque nous parlons de tournant, nous pesons nos mots. La logique industrielle conditionne 150 ans de culture économique, avec, en outre, depuis les années 1990, le primat de l'approche financière de la performance. Soyons réalistes, la logique servicielle aura sans doute besoin de quelques dizaines d'années pour s'installer dans les entreprises comme dans les mentalités. La proportion toujours croissante de travailleurs en souffrance, l'apparition des suicides n'empêchent pas certains de s'enfermer dans une trajectoire qui mène à des impasses sociétales. L'appât du gain, mais aussi et plus fondamentalement, la difficulté à changer de forme de pensée et de cadre d'action, en sont les raisons majeures. Mais ne nous trompons pas, ce n'est pas en régulant de manière plus instruite que nos entreprises seront à même d'évoluer. C'est en changeant leur rapport au travail, en sortant du modèle d'organisation dominant : le néo-taylorisme financiarisé. Car c'est bien le modèle de création de la valeur qui est en cause, comme fondement économique de l'entreprise.

Toutefois, l'échec de la domination brutale de la logique néo-taylorienne est tel qu'un retournement est possible dès à présent. D'autant que le statut des entreprises n'est pas homogène. Si les grandes entreprises cotées en Bourse ne changeront pas de modèle de sitôt, certaines entreprises au capital moins lié aux marchés financiers qui entretiennent un autre rapport au temps, ou des PME, parfois filiales de grands groupes, questionnent déjà une financiarisation qu'elles jugent excessive. Elles interrogent notamment les causes de la dégradation de la santé des salariés et les conditions de leur mobilisation. Ajoutons que la législation a évolué suite à l'aggravation des pathologies de surcharge (troubles musculo-squelettiques, burn-out, karôshi, dopage), des pathologies post-traumatiques, du harcèlement, des dépressions, des tentatives de suicides et des suicides, jusque sur les lieux de travail. La loi de 2002, puis l'accord cadre européen de 2004 et l'accord-cadre français sur le stress au travail de juillet 2008 ont formulé des recommandations à l'endroit des directions et des responsables des ressources humaines. Si certaines entreprises cherchent à s'affranchir de ces obligations sans remettre en cause leur conception du travail et leur modèle de création de la valeur, il en est d'autres qui, convaincues des effets nocifs à long terme de la dynamique actuellement dominante[1], s'engagent dans une démarche plus approfondie, la recherche de nouvelles méthodes de management et d'organisation du travail. C'est en réponse à une telle demande que cette intervention a été menée. Ici, l'attention portée à la problématique des rapports entre santé mentale et travail se doublait de la prise de conscience d'un enjeu économique, en lien avec les nouvelles attentes des collectivités territoriales en matière de développement durable.

Il existait une conviction : la pertinence du service comme la productivité dépendent désormais de la capacité des salariés à s'adapter à la demande, à rapatrier des connaissances utiles, acquises par expérience sur le lieu de travail et hors du lieu de travail, à coopérer : c'est bien cette démarche qui est en jeu dans l'entreprise qui nous sollicite. Si la rente foncière a apporté un surplus monétaire, prévisible et mesurable, à présent, l'entreprise doit dégager une marge par la pertinence de ses services d'aménagement, par le travail, l'engagement subjectif de ses salariés. La qualité de la coopération, avec les bénéficiaires extérieurs, et entre les services chargés de l'aménagement et les services comptables, devient centrale. La question de la santé rejoint celle de la performance. La santé apparaît comme une des ressources stratégiques dont l'entreprise dispose et a à charge de développer en lien avec la création de valeur auprès de ses clients.

LA SUBJECTIVITÉ AU CŒUR DE LA COOPÉRATION

Tout service est « coproduit » par un prestataire et un bénéficiaire ; ce dernier intervient au sein même du procès de travail. Le salarié se trouve ainsi engagé, d'une part, dans une relation salariale classique, dans laquelle il agit en tant que subordonné, et, d'autre part, dans une relation de service[2] qui le relie aux bénéficiaires, eux-mêmes inscrits dans la société. La coopération ne se réduit plus à celle qui se jouait entre pairs dans une équipe (coopération horizontale) ou au sein de la ligne hiérarchique (coopération verticale), elle s'étend à présent à des personnes extérieures à l'entreprise. On la nomme coopération transverse. Le lien intersubjectif entre le salarié, assumant une responsabilité de prestataire, et le bénéficiaire détermine la qualité du service, la productivité et, in fine, la rentabilité de sa réalisation. Ce lien intersubjectif relève de cinq dimensions : psychique, tout d'abord, en lien avec les affects sollicités dans cette relation ; communicationnelle, ensuite, car la réalisation du service dépendra de la transmission d'informations formalisées ou non ; technique et professionnelle, puisque chaque protagoniste, prestataire ou bénéficiaire sollicite des savoir-faire associés aux caractéristiques du service attendu ; sociale, car des rapports de domination/subordination ou d'égalité se révéleront ; juridique et civique, enfin, car cette relation reposera sur des conventions implicites ou explicites.

Lors de ce face-à-face avec le bénéficiaire, le salarié arbitre entre les attentes de celui-ci et les prescriptions de la hiérarchie, entre la qualité du service qu'il se représente devoir assumer et les normes de productivité de l'activité qui lui sont dictées. Afin de réduire l'écart entre ce qui a été prévu par l'entreprise et la spécificité des attentes du bénéficiaire, il mobilise sa subjectivité tout en tenant compte de celle de ses interlocuteurs. Ses compétences, la confiance qu'il sait susciter, la marge de manœuvre qu'il évalue, à propos de la pertinence de ce qu'il compte faire, sont autant de ressources stratégiques. Selon quels critères va-t-il agir ? Bien sûr en fonction des normes fixées par l'entreprise, mais celles-ci ne sont pas entièrement opératoires vis-à-vis des dimensions subjectives de la relation qu'il noue avec le bénéficiaire. Il doit faire appel alors à la représentation qu'il se fait de sa mission et des attentes de son interlocuteur, à sa conscience de la situation. Il pourra s'appuyer sur les repères que constituent les règles et les postures de métier. Plus profondément, c'est la manière dont il pense le rapport entre son travail et la société, qui le guidera. Le rôle prédominant des services dans la dynamique économique met ainsi en évidence des aspects du travail longtemps considérés comme secondaires. Au cœur des formes contemporaines de la création de valeur, la subjectivité n'est plus seulement un enjeu de santé mentale mais un enjeu économique essentiel.

LE CARACTÈRE STRATÉGIQUE DES RESSOURCES IMMATÉRIELLES

Les ressources immatérielles[3], c'est-à-dire les ressources qui ne sont ni mesurables, ni dénombrables, relèvent de quatre registres : les compétences des personnes, des équipes, de l'entreprise ; la confiance sur laquelle elle s'appuie ; la santé mentale et physiologique sur la base de laquelle se fonde la créativité et l'engagement ; la pertinence de son organisation et des règles qu'elle se donne. Ces registres ne renvoient pas aux mêmes enjeux, même s'ils sont indissociables les uns des autres, tous associés à la dimension humaine des activités. Le premier concerne les personnes prises individuellement et collectivement dans leur capacité à remplir les tâches qui leur ont été prescrites, et à faire face aux évènements ; le deuxième, la confiance entre les membres de l'entreprise, celle avec les prestataires ou les bénéficiaires ; le troisième à la santé ; le dernier à l'adéquation de l'entreprise, de son organisation, à l'évolution de la demande et à celle de son environnement. Les investissements qui ciblent ces différents registres concernent divers champs de l'entreprise, les ressources humaines, la R/D et la communication. Mais chacun se conjugue aux autres pour assurer la compétitivité de l'entreprise.

Dans le registre de la compétence, on trouve bien entendu les dépenses de formation qui visent à faire évoluer les qualifications mais aussi l'organisation de retours d'expérience, d'échanges entre pairs engagés dans une perspective de professionnalisation. L'incertitude du contexte économique, la variation des situations de travail qui en découle, incitent les entreprises à se montrer très attentives aux compétences, c'est-à-dire à l'aptitude des salariés à prendre en compte les autres, à réagir aux évènements, à apprendre de l'expérience. Elles supposent l'existence de qualifications mais ne s'y réduisent pas. Elles progressent grâce à l'expérience et aux dispositifs de professionnalisation.

Face à l'évolution de la concurrence, l'entreprise est amenée à repenser sans cesse sa stratégie et mobilise des ressources internes et externes (consultants, chercheurs en sciences sociales) afin d'interroger la pertinence de leur offre, de leur management, de leurs projets, de leurs dispositifs d'évaluation de la performance, d'information et de communication.

Enfin, l'incertitude des situations de travail, la complexité des produits et des services nécessitent de solliciter en permanence la confiance qui apparaît comme un véritable actif économique. Et ce, à l'intérieur de l'entreprise, entre salariés et entre niveaux hiérarchiques, comme à l'extérieur, avec les clients et les partenaires. Les liens que construit la direction avec les salariés et leurs représentants d'une part, avec les institutions territoriales, les clients ou fournisseurs d'autre part ont à présent une incidence forte sur la capacité de l'entreprise à répondre aux évènements. Au-delà du dialogue social, il s'agit en interne de mettre en place des espaces de délibération, d'élaboration de connaissances qui contribuent à faire émerger une doctrine d'entreprise, c'est-à-dire un ensemble de notions qui vont guider l'action des salariés. La communication externe elle, traditionnellement organisée autour de la marque, passe de plus en plus par une présence sur le territoire, qui permet de tisser des relations prolongées avec les acteurs locaux, les associations, les institutions.

Mais il est un point qu'il faut mettre en avant pour bien comprendre le tournant que représente ce glissement du caractère stratégique des ressources matérielles vers celui des ressources immatérielles : là où les premières s'épuisent, à tel point que l'on a pu définir l'économie comme l'usage rationnel de ressources rares, les secondes peuvent se développer lors de la production. La compétence, la pertinence, la confiance ont en commun la particularité de ne pas fatalement s'user au cours de la production. Au contraire, l'activité et l'expérience qu'elles constituent peuvent avoir des effets positifs sur leur développement. Il en est de même pour la santé. C'est la conception même de la valeur qui se trouve chamboulée : elle n'est plus seulement liée aux résultats mais aux conditions dans lesquelles on les obtient. Certaines conditions permettent de développer la force productive, d'autres la détériorent, parce qu'elles affectent le devenir des ressources immatérielles.

Le fait que ces ressources immatérielles ne s'usent pas en cours de production ne signifie pas qu'elles ne peuvent pas se dévaloriser. Ce n'est pas le temps mais la qualité d'usage qui en est alors la cause. Si l'expérience peut provoquer un développement des ressources immatérielles, elle peut tout aussi bien conduire à l'enfermement dans des certitudes, dans des routines contre-productives, dans des habitudes qui contribuent à éloigner l'entreprise de son environnement. Un évènement peut survenir, qui révèle une perte de pertinence, de confiance, de compétence.

La dévalorisation qui touche ces ressources immatérielles, est toujours inattendue, brutale, elle peut ouvrir une véritable crise par effet de contagion ou de panique, sans commune mesure avec l'évènement originel. Et elle reste difficile à anticiper, d'autant plus redoutable qu'elle relève généralement des évolutions de l'environnement socio-économique ou institutionnel de l'entreprise. Ces effets réflexifs obligent à repenser le fondement même de la création de la valeur.

Il est possible d'éviter que les ressources immatérielles évoluent dans des trajectoires en contradiction avec celui de l'environnement économique et institutionnel. Cela suppose de piloter des réseaux ; de mettre en place des dispositifs d'observation et de veille ; de privilégier une vision instable de l'économie, contre une vision qui la décompose en une succession d'états statiques. Organiser des lieux où les salariés peuvent échanger sur leurs expériences, évaluer la coopération, accompagner la professionnalisation et l'innovation devient stratégique. En définitive, le rapport à la performance se complexifie en s'ouvrant aux enjeux réflexifs et aux enjeux d'externalité, c'est-à-dire aux effets non intentionnels d'une activité sur le lien social et/ou sur l'environnement.

Un nouveau modèle émerge qui place la subjectivité au cœur même de la performance. Il relève de cinq registres : la qualité du service (son accessibilité et ses effets), la productivité (l'efficience dans l'usage des ressources), les impacts externes (négatifs ou positifs), les effets de réflexivité de la production sur les ressources immatérielles, la rentabilité ou l'équilibre budgétaire. Piloter une entreprise revient alors à articuler ces cinq critères. Si la rentabilité reste l'un des registres de la performance, elle doit être compatible avec les quatre autres, ce qui suppose des arbitrages selon les circonstances, les secteurs, et donc une vision dynamique de l'économie. Cela conduit aussi à revoir les procédures d'évaluation qui ne peuvent plus se limiter aux analyses des résultats. Elles doivent également permettre de faire le point sur l'évolution des différentes ressources immatérielles en lien avec la qualité des organisations et la façon dont le travail a été sollicité, accompagné, cadré par le management. Dans cette perspective, les activités gestionnaires qui n'appréhendent que le mesurable, ne peuvent plus occuper une place prépondérante dans le gouvernement des entreprises. En définitive, la logique servicielle peut se résumer à l'attention portée à cette question : comment, sur la base d'une attention accrue à l'activité de travail réelle, faire fructifier les ressources immatérielles au sein de l'entreprise ?

L'IMPORTANCE DES INVESTISSEMENTS IMMATÉRIELS

Si la référence aux prix reste de rigueur, elle n'est plus le signal essentiel de la dynamique économique. Plus exactement, la performance est à présent surdéterminée par la qualité des services proposés. Or cette dimension ne peut pas uniquement se mesurer par des chiffres ou des opérations vérifiables en temps réel. Elle relève de jugements de valeur qui se diffusent via les réseaux sociaux et les communautés de pensée. Ces effets d'opinion influent désormais directement sur la manière dont les bénéficiaires s'adressent à l'entreprise et s'engagent dans une coproduction du service qui leur est adaptée. L'appréciation de la qualité du service rendu n'est plus seulement liée à la qualité du processus de production mais à des représentations externes à l'entreprise. La capacité des équipes à reconnaître les attentes, à rendre l'offre pertinente, à installer la confiance constitue des ressources immatérielles de premier ordre pour l'entreprise.

De ce point de vue, le temps de travail du salarié n'est plus homogène[4] : à la réalisation de la prestation, s'ajoute le temps nécessaire à ajuster l'offre qu'il propose à celle de ses collègues, le temps consacré à la professionnalisation ou aux retours d'expérience qui permet d'accroître ses compétences, la pertinence de l'organisation et la confiance. Le temps dévolu à chacune de ces activités est rarement institué. C'est regrettable compte tenu du caractère stratégique des temps dévolus à la régulation de l'activité et ceux réservés aux investissements immatériels. Si ces deux dernières catégories de temps de travail sont souvent négligées, c'est préjudiciable, à long terme, au développement des ressources et à la qualité du service. Si dans les activités industrielles, ces temps se trouvaient répartis entre plusieurs catégories de salariés, des ouvriers spécialisés aux ingénieurs, dans les activités de service ils sont intrinsèquement liés quel que soit le poste occupé par le salarié. Les entreprises sont appelées aujourd'hui à identifier les différentes finalités économiques du temps de travail : les temps de production directe, les temps de régulation et de délibération, les temps considérés comme connexes mais destinés aux investissements immatériels.

C'est l'une des conclusions les plus éclatantes de l'intervention relatée plus haut : en rétablissant la confiance et la coopération au sein du département comptable, l'entreprise a réalisé un gain de productivité significatif. La directrice comptable parvient à dégager un tiers de son temps pour d'autres responsabilités, tout en ne se reposant plus que sur un seul adjoint. Mais qui aurait pu l'imaginer au début de notre intervention ? L'impact des ressources immatérielles est aussi imprévisible que déterminant. Les effets des investissements immatériels peuvent être immédiats, une prestation réussie par exemple, mais aussi se réaliser avec un décalage temporel auprès du bénéficiaire ou d'autres acteurs, à l'intérieur comme à l'extérieur de l'entreprise. Les connaissances accumulées lors d'une formation ne peuvent parfois être assimilées qu'après un certain temps et elles peuvent se diffuser par contagion au-dedans comme au-dehors. Dans une perspective industrielle, le résultat du travail est tangible, mesurable. Pour rester dans le domaine de la comptabilité, seul le nombre de factures traitées est envisagé. Ce résultat est prévisible. Dans une perspective servicielle, au contraire, le niveau de complexité des informations rend toute projection plus aléatoire. Le client qui ne comprend pas les données présentées sur sa facture, téléphone et alourdit le travail du salarié. L'écoute du client fait pleinement partie du service et reste impossible à quantifier. Impossible d'effectuer un calcul d'amortissement et de rentabilité comme on peut le faire pour un investissement matériel. S'il est toujours possible de répartir le coût des investissements immatériels sur un volume anticipé de production, cela n'a rien à voir avec le principe d'amortissement qui se fonde sur un délai d'obsolescence technologique et économique. Reste que les effets médiats propres aux investissements immatériels ne peuvent être évalués que si l'entreprise en a prévu l'existence potentielle et si elle a identifié les acteurs qui pourraient en bénéficier. C'est pourquoi la décision d'intégrer la santé[5] comme une ressource économique et d'accepter l'incertitude qui accompagne cet investissement relève d'un geste politique.

QU'APPELLE-T-ON VALEUR ?

Dans une perspective industrielle, la valeur se limite à trois aspects : la qualité, la productivité, la rentabilité. Longtemps, l'enjeu économique s'est résumé ainsi : stabiliser la qualité, augmenter la productivité, c'est-à-dire diminuer les ressources nécessaires à la production d'un bien afin de réduire le coût unitaire du produit, accroître la rentabilité. La marge des entreprises assure leur rentabilité. Si les gains de productivité sont supportés différemment par les catégories de salariés, cette dynamique de la performance relève d'un consensus social, fondé sur le plein-emploi, l'existence de prestations sociales et l'augmentation du pouvoir d'achat. Il est entendu que les effets négatifs de la production (y compris environnementaux) ne sont pas pris en charge par l'entreprise mais par les pouvoirs publics. Dans les années 1990, en lien avec la toute-puissance de la finance, la rentabilité devient le registre premier. La rentabilité n'est plus le moyen de la pérennité et du développement de l'entreprise. Elle en est la finalité. Le rapport à la valeur est perverti, imposant des objectifs de productivité intenables. Certaines pratiques se généralisent : la concentration sur les segments les plus productifs, d'une part, l'externalisation de certaines tâches que l'on fait désormais porter à des prestataires ou aux clients, d'autre part. *In fine*, la qualité devient une variable d'ajustement pour parvenir aux résultats. Résiduelle, souvent mauvaise, elle entraîne un regard négatif des salariés sur leur travail. Sans tenir compte des évolutions du travail réel et des attentes en matière environnementale et sociale, les actionnaires et les directions ne conservent que les secteurs les plus rentables. Provoquant l'incompréhension et le désespoir de nombreux travailleurs. Ils n'hésitent pas à fermer des sites qui ont toutefois répondu aux objectifs de productivité et de qualité. La suite est malheureusement connue : les inégalités explosent, la précarisation de l'emploi s'étend tandis que la financiarisation relayée par les approches gestionnaires exige des résultats quantifiables et une évaluation individuelle de la performance, qui entraîne souffrance individuelle, problèmes de coopération et finalement une baisse de la qualité des services. Les effets pervers d'un tel modèle, qu'ils soient économiques, sociaux, humains, ne sont pas davantage pris en compte. En les considérant comme des externalités qui relèvent des pouvoirs publics, on évite d'interroger cette logique de performance. Dès lors, il ne faut pas s'étonner de la coupure dramatique entre l'entreprise et la société comme de la perte de sens du travail. Comment ne pas voir pourtant ce que la contribution d'une entreprise à son environnement peut lui apporter, en lui offrant de nouvelles ressources ou en lui évitant des dépenses inutiles ?

Dans la logique industrielle, pour gagner en productivité, il faut économiser du temps grâce à des équipements plus puissants, effectuer des économies d'échelle, en répartissant les coûts sur un plus grand nombre de produits, intensifier le travail, en jouant éventuellement sur sa durée, augmenter la spécialisation des salariés pour accélérer les cadences par des effets de routine. Dans la logique servicielle, il s'agit d'accroître l'adaptabilité, la réactivité à la demande ; la capacité à rapatrier au sein de l'entreprise des connaissances et théories utiles ; la coordination et la coopération, le fait de tenir compte de l'autre dans son propre arbitrage. Une partie des bénéfices échappent dès lors à la grille imposée par la gestion : la professionnalisation des salariés par exemple, la transmission entre les salariés de ces compétences sont un effet externe, car l'entreprise n'est pas rémunérée pour cela, qui cependant lui profite. De même, la qualité des réseaux sociaux qu'entretiennent les salariés, leur capacité d'anticipation comptent parmi les ressources immatérielles de première importance pour l'entreprise, même si elle n'en tire pas un gain direct.

Nous vivons le passage de l'ère industrielle à l'ère servicielle. Le développement des activités de service ne relève pas simplement d'un déplacement sectoriel des activités productives. Il est, plus profondément, la conséquence de l'émergence de nouvelles conditions de création de la valeur. Cela concerne toutes les entreprises, y compris les entreprises industrielles. Ces dernières en effet offrent de plus en plus de services associés ou intégrés à leurs produits. Elles répondent par cette première évolution à la saturation des marchés des biens manufacturés d'une part, à l'intérêt croissant des ménages pour la performance d'usage du bien d'autre part. Dans certains cas, les entreprises ont été amenées à transformer de manière radicale leur stratégie, abandonnant leur activité de fabrication et se transformant en entreprises de services. C'est l'exemple d'IBM qui a arrêté de produire des ordinateurs pour se spécialiser dans l'offre de services informatiques. C'est aussi l'exemple de la téléphonie mobile, qui à présent « donne » ou vend à un prix dérisoire le bien au consommateur, en échange de sa fidélité à l'accès aux services informationnels de l'entreprise. À cette première évolution, s'ajoute une deuxième tendance : au sein même des entreprises industrielles, les emplois sont de plus en plus affectés à des activités de service, commercialisation, maintenance, intermédiations communicationnelles et financières. Enfin, c'est au niveau des investissements que l'on peut lire le tournant en cours, des investissements qui sont aujourd'hui essentiellement dirigés vers deux pôles : l'équipement informatique d'une part, qui a des conséquences directes sur la productivité des activités de service ; les investissements immatériels d'autre part, qui visent à faire progresser les ressources immatérielles mobilisées par les collectifs de travail afin d'augmenter la pertinence de l'offre par rapport aux attentes des clients et la confiance que ceux-ci accordent à l'entreprise. Les investissements sont donc aujourd'hui principalement dirigés vers les activités de service.

Passer d'une logique industrielle à une logique servicielle implique plusieurs changements. Dans la logique industrielle, la qualité du produit est stabilisée au moment de la production, dans le cadre d'une production standard, que cette production concerne celle de biens ou de services considérés comme des quasi biens, souvent appelés produits dérivés dans le langage du marketing. Les critères de qualité exigés pour une pièce de machine agricole, par exemple, ne varient pas, ils peuvent évoluer au gré des perfectionnements mais dans tous les cas, ils sont fixés à l'avance et pour toutes les pièces qui sortent de l'usine de la même manière. Dans une perspective servicielle, une telle standardisation est rejetée comme non conforme aux attentes des entreprises ou des ménages. La qualité du service dépend de la capacité du prestataire à tenir compte de la spécificité de la demande du bénéficiaire du service, de son caractère évolutif. Le bénéficiaire, un acteur extérieur, intervient désormais dans la définition de la qualité du service rendu. Les membres de la direction comptable se trouvaient pris entre ces deux exigences : réaliser une prestation comptable relevant, par son caractère standard, d'un quasi-bien ; se préoccuper des attentes spécifiques de leurs interlocuteurs, la direction financière ou la direction de l'aménagement, se mettre à leur service, coopérer avec eux. Et nous avons vu combien la forme de cet engagement intersubjectif avait des effets sur la qualité et la productivité de l'entreprise. Juger de la pertinence de l'offre pour les futurs usagers, maintenir un lien de confiance, mobilisent des ressources immatérielles, qui deviennent plus stratégiques pour l'activité que les ressources matérielles au centre de la logique industrielle. Il s'agit donc moins de rationaliser l'usage des ressources matérielles, le rapport des hommes aux techniques, que d'être attentif aux conditions dans lesquelles ces ressources immatérielles peuvent se développer. La subjectivité, que la psychodynamique du travail a mis en avant depuis quarante ans, apparaît aussi centrale d'un point de vue économique lorsque l'on prend en compte la spécificité de la logique servicielle.

Conclusion

Pour illustrer la démarche de reconstruction de la coopération, du vivre ensemble et des conditions propices à l'élaboration, entre travail et subjectivité, d'un compromis favorable à la santé mentale des travailleurs, nous avons choisi une intervention dans une entreprise d'aménagement et de développement urbain. Cette intervention s'est prolongée pendant plusieurs années (2008-2013) et a porté sur plusieurs secteurs et plusieurs directions de cette entreprise. Il est bien sûr impossible de rendre compte de tous les stades de l'intervention dans un seul et même ouvrage. Nous avons donc choisi d'en extraire une étape seulement, bien délimitée dans le temps, auprès de la direction comptable. Malgré la durée totale de l'intervention, malgré les progrès réalisés à différents niveaux de l'entreprise en matière de coopération et d'acquisition de nouvelles compétences collectives, il n'a pas été possible de franchir le pas décisif de capitalisation des acquis et des investissements immatériels qu'aurait pu être l'élaboration d'un autre modèle économique pour cette entreprise. L'analyse des obstacles à la « transformation de l'essai » (à l'image de ce que l'on désigne par cette expression dans un match de rugby) n'est pas possible ici pour des raisons de confidentialité.

Mais dans le même temps de cette intervention, des expérimentations ont été menées dans d'autres entreprises. Dans l'une d'entre elles (entreprise d'aménagement du territoire, elle aussi), il a été possible d'aller jusqu'au bout de la démarche et de travailler avec le comité de direction à l'élaboration d'un autre modèle économique sur la base des principes exposés à la fin du chapitre précédent. Le nouveau modèle économique, dans ce cas, a pu être abordé parce qu'au préalable un travail en profondeur avait été mené pendant une année avec le comité de direction sur la restructuration de la coopération en son propre sein. Ce travail portait essentiellement sur la coopération horizontale au sein d'un comité de direction affaibli par ses divisions internes. Ultérieurement, sur la base de cette expérience, a été abordée et traitée la question de la coopération verticale à l'intérieur de chaque direction. À l'issue de ce processus, le nouveau modèle économique et les règles du management coopératif adoptés par le comité de direction ont fait l'objet d'une présentation et d'une discussion avec tout le personnel de l'établissement réuni en assemblée générale. Ce modèle fonctionne depuis plusieurs mois et a été bien reçu et approprié par les salariés. Il permet le développement de nouvelles compétences collectives et l'établissement de relations de confiance nettement accrues avec les collectivités territoriales.

Une autre entreprise, commerciale, privée, de distribution d'instruments de musique dans la région parisienne a, de son côté, décidé de remanier son organisation du travail sur les principes qui ont été exposés dans ce livre. Avec cette particularité que le PDG et sa directrice adjointe ont procédé à ces remaniements, sans notre intervention, en s'appuyant exclusivement sur les livres et les documents vidéo disponibles sur internet. Les rapports de travail ont été profondément transformés, avec une amélioration significative du vivre ensemble et de l'implication des salariés dans la production et la diversification des services offerts par l'entreprise. Dans le même temps l'augmentation du chiffre d'affaires et des bénéfices de l'entreprise ont été sensibles (croissance à 2 chiffres).

Les entreprises publiques et privées qui ont adopté les principes du management coopératif sont des petites entreprises comptant entre 50 et 200 salariés. Elles ont toutes en commun deux caractéristiques ; une attention soutenue des dirigeants pour la santé mentale et le vivre ensemble, d'une part ; un cycle de travail long, d'autre part. L'origine de leur attention à la qualité du rapport subjectivité-travail est variable. Pour les uns, il s'agit de positions éthiques et politiques enracinées dans une tradition familiale ou dans des expériences professionnelles antérieures particulièrement pénibles ayant fait naître la volonté d'en finir avec les méthodes du management gestionnaire et de tenter de nouvelles expérimentations. Pour d'autres, l'intérêt pour la santé mentale des salariés est directement en rapport avec la nature de leur production qui implique un cycle de travail long. Dans le secteur de l'aménagement du territoire, les projets s'étendent sur plusieurs années et atteignent souvent une durée de dix ans. La stabilité du personnel est une dimension indissociable de la production de valeur. Non seulement parce qu'elle est une condition sine qua non de la mémoire du procès de travail, mais aussi en raison des exigences spécifiques de la coopération transverse : la relation aux clients, c'est-à-dire avec les collectivités territoriales, exige une confiance réciproque fondée sur des relations durables entre les aménageurs d'un côté, les élus et les entreprises (maîtres d'œuvre dont ils sont les maîtres d'ouvrage) de l'autre.

Dans le secteur commercial de distribution, la question de la confiance implique aussi de bâtir des relations stables et durables entre vendeurs et clients. Dans une entreprise de distribution d'outils et de matériel de construction, les vendeurs n'ont pas que des objectifs de chiffre d'affaires, il s'en faut de beaucoup. La reconnaissance par la direction de l'entreprise de la place qui revient à la coopération transverse se traduit par une doctrine en vertu de laquelle le vendeur doit viser le service le plus juste (et pas seulement le plus rémunérateur) : il s'agit pour les salariés de vendre les outils qui rendront le meilleur service au client, car la fidélisation de la clientèle (c'est-à-dire la relation de confiance) est un objectif majeur de l'entreprise. Pour ce faire le vendeur doit connaître ses clients, c'est-à-dire estimer leurs habiletés dans le maniement des outils. Des outils trop complexes, même s'ils sont de meilleure qualité et d'un coût plus élevé, ne doivent pas être vendus à un client peu expérimenté. La vente, dans ce cas, se rabat sur un outil plus simple et moins coûteux cependant que le vendeur élargit sa prestation en apportant au client un service de conseil sur la technique d'utilisation des outils. Se forme ainsi une relation personnalisée entre client et vendeur qui se traduit souvent par le fait que le client souhaite à chaque achat pouvoir en discuter avec le même vendeur. À la fin de son chantier, il arrive que le client invite le vendeur à venir inaugurer la cuisine ou la salle de bains qu'il a réalisée en partie grâce à l'aide que lui a apportée ce dernier.

La construction de cette relation de service est également un cycle de travail long s'étendant de quelques mois à plusieurs années. La stabilité et, donc, le plaisir au travail des vendeurs sont une pièce maîtresse de la compétitivité de l'entreprise. Il en va exactement de même dans la vente des instruments de musique, où le vendeur peut développer des habiletés professionnelles de conseiller et même parfois de formateur pour ses clients. La diversification et l'accroissement des habiletés (grâce aux externalités et aux investissements en matière de formation) relèvent des investissements immatériels dont il a été question tout au long de la seconde partie de ce livre. Qu'il s'agisse de distribution d'outils ou de vente d'instruments de musique, la dynamique d'accroissement des compétences de chaque salarié est intimement liée à la clarté de la doctrine de l'entreprise et à l'interprétation que chacun en fait. Et la montée en compétences individuelles et collectives se traduit, au plan subjectif, par un accroissement du plaisir au travail, de l'entraide et du vivre ensemble.

La conclusion de ces expérimentations, c'est que la prévention de la pathologie mentale au travail passe essentiellement par la recomposition de la coopération dans ses trois dimensions : horizontale avec les membres de l'équipe, verticale entre l'équipe et son chef, transverse entre le salarié et le client. La prévention repose donc sur la transformation de l'organisation du travail à l'aune du travail vivant, et ne saurait relever de la seule responsabilité des médecins du travail, des psychiatres et des psychologues.

Mais ce que montrent ces expérimentations en entreprise, c'est surtout la puissance politique de la coopération. Cette dernière constitue le chaînon intermédiaire qui a manqué, depuis le début du mouvement ouvrier, pour pouvoir soutenir un concept critique de travail. Par cette dernière expression, on désigne dans la théorie, la possibilité de penser, à partir du travail, des voies originales vers l'émancipation. Marx, après Hegel, s'est attaqué à cette question dans ses écrits philosophiques. Mais, comme l'ont montré de nombreux exégètes, s'il a produit une analyse très riche du travail vivant, il n'a pas dégagé une pensée structurée du travail collectif[1]. Depuis Marx, jusqu'aux thèses les plus récentes de l'école de Francfort, le travail a toujours été disqualifié comme médiateur de l'émancipation (à l'exception notable de Dewey[2] et peut-être plus largement d'autres pragmatistes américains comme G. H. Mead[3] qui ont accordé une place essentielle au travail, mais dont les thèses à ce sujet ont été peu reprises par les successeurs). Du côté des organisations politiques et syndicales, aucune pensée sur la coopération n'a jamais vu le jour. Comme l'a montré Bruno Trentin dans une enquête historique approfondie[4] sur le mouvement ouvrier depuis Marx jusqu'à la fin du xxe siècle, les tentatives d'élaborer une pensée de l'émancipation à partir de l'expérience ouvrière du travail proprement dite ont toujours été récusées. Leurs dirigeants politiques ont toujours assigné à la classe ouvrière la tâche de former une unité de masse par référence à l'ennemi commun, c'est-à-dire la bourgeoisie, en vue de produire un rapport de forces favorable à la conquête du pouvoir et de l'État. Tous les efforts étaient concentrés pour cette raison vers la constitution d'une conscience de classe, destinée à servir la lutte de classes. Quant à l'élaboration de la politique stricto sensu, elle était déléguée à la direction du parti ou à son comité central, supposé représenter les intérêts des ouvriers. Entre les deux, pour assurer la circulation des idées entre le peuple et le comité central, le centralisme démocratique théorisé par Lénine, dispositif surtout conçu pour exercer la dictature du prolétariat. Lénine ne s'en tenait pas à une abstention intellectuelle sur la question du travail, de son organisation et de la coopération. Il a fait des choix exactement opposés, non seulement en introduisant le taylorisme en Union soviétique, mais en allant jusqu'à prôner le fordisme comme modèle d'organisation de la société soviétique[5].

Les expérimentations dont nous faisions état dans la seconde partie de ce livre montrent qu'un concept critique de travail est pensable, à condition de disposer d'une connaissance clinique et d'une élaboration théorique de la coopération, et de l'activité déontique qui en constitue le principe générateur. Une systématisation philosophique de cette approche a été récemment proposée par J.-P. Deranty[6].

Les espaces de délibération sur l'organisation du travail introduisent dans le nouveau modèle économique, nous l'avons vu précédemment, une pratique de l'exercice démocratique in *statu nascendi*. *Mutatis mutandis*, on peut avancer que la construction de relations de coopération dans le travail est sans doute une condition de l'exercice de la démocratie dans la cité. Les liens entre santé mentale au travail et coopération sont la réplique, au niveau de l'individu, des liens entre organisation du travail et gouvernement, au niveau de la cité. Les principes de l'organisation du travail et du management, conçus comme principes d'organisation de la coopération, ne sont pas seulement valables pour les équipes de travail ordinaires. Ils le sont aussi pour le fonctionnement des comités de direction des entreprises. Ils ne sont pas valables seulement pour la direction des services publics, ils le sont, au-delà, pour le fonctionnement même de l'État, aussi bien dans certains cabinets ministériels que dans le Conseil des ministres, lui-même contaminé aujourd'hui par la compétition fratricide entre ministres au détriment de la coopération et du vivre ensemble au sein du Gouvernement. Ce qui se traduit bruyamment par des incohérences, non seulement dans les déclarations, mais dans les décisions des ministres qui font itérativement l'objet de rectifications et de démentis en provenance de l'Élysée ou de Matignon. Le Conseil des ministres ainsi que de nombreux comités de direction d'entreprises publiques et privées ne fonctionnent pas comme des espaces de délibération et de coopération entre pairs. Ils ressemblent souvent à des chambres d'enregistrement où chacun apporte des réponses limitées aux questions du PDG, mais se garde de prendre la parole au-delà de ce qui est le strict nécessaire pour faire « acter » ses décisions, et pour ne pas déclencher une discussion qui risquerait de se retourner contre soi parce qu'il n'y a pas, entre les directeurs, de relations de confiance ni de coopération.

La coopération apparaît donc comme une médiation essentielle entre organisation du travail et santé mentale, d'une part, entre vivre ensemble à l'intérieur de l'entreprise et démocratie à l'extérieur dans la cité, d'autre part. Malgré sa fécondité, toutefois, la coopération n'est pas en soi une panacée au regard du politique. Ouvrant des possibilités d'amélioration considérables aussi bien dans le domaine de la santé mentale au travail que dans celui des gains de productivité, elle peut profiter à l'essor et au succès d'une entreprise sur le court et le long terme. Pourtant la production fondée sur la coopération dans une entreprise peut s'avérer nuisible pour la cité. Parce qu'il n'y a pas de symétrie exacte dans les rapports entre démocratie à l'intérieur de l'entreprise et démocratie dans la cité. Lorsqu'il s'agit d'une déstructuration de la coopération par l'évaluation individualisée des performances, la démocratie est progressivement ruinée à l'intérieur de l'entreprise, comme nous l'avons vu dans la première partie de ce livre. De façon quasi inexorable, cet effacement de la démocratie dans les entreprises entraîne dans son sillage la décomposition progressive de la démocratie dans la cité. Mais la proposition inverse est fausse. L'accroissement de l'exercice démocratique à l'intérieur d'une entreprise ne profite pas toujours au développement de la démocratie dans la cité. Les succès d'une entreprise de bâtiment et de travaux publics, par exemple, reposent sur une forte coopération à l'intérieur, dont les salariés tirent bénéfice tant au point de vue du vivre ensemble que du plaisir au travail et de la santé mentale. Et pourtant son action sur la cité peut à long terme se révéler nocive pour l'environnement et le vivre ensemble des citoyens habitant cette cité, parce que l'effort des salariés et de la direction porte exclusivement sur la qualité des bâtiments ou des équipements produits, en termes de matériaux de construction, de règles de l'art, de respect des délais de production, etc. Mais dans l'ombre de cet effort pour la qualité, les dimensions relatives au développement durable et à la cité ont été sacrifiées et, à terme, l'utilisation des ouvrages contribue à dégrader l'environnement et la vie dans la ville. La rupture de continuité entre démocratie à l'intérieur de l'entreprise et démocratie à l'extérieur résulte d'une délimitation trop étroite (volontairement ou par incompétence) du périmètre de la coopération, dans sa dimension transverse, c'est-à-dire, dans la relation avec les habitants et les collectivités territoriales. Par exemple, cette entreprise construit un centre commercial remarquable, en soi. Mais sa mise en exercice va progressivement ruiner tous les petits commerçants dans la périphérie, et ce qu'ils représentaient comme lien social pour des populations dont le niveau économique ne permet pas la possession de véhicules personnels, dans un contexte de faible réseau de transports en commun permettant de rejoindre le centre commercial. Il revient à l'entreprise d'évaluer, dans l'après-coup de chacune de ses actions, les conséquences de sa production sur le devenir de la cité. En d'autres termes l'activité de cette entreprise de construction n'est pas seulement une activité de production (périmètre restreint). Elle est aussi une action sur le monde physique (l'environnement) et sur le monde social (la ville). Ces remarques ne concernent pas que les entreprises de bâtiment-travaux publics. Elles sont valides aussi pour toutes les entreprises de distribution, qu'il s'agisse d'outils et de matériaux de construction, d'instruments de musique ou d'activités culturelles. *De facto*, la production d'une entreprise qu'elle soit commerciale, industrielle ou agricole[7] a toujours des incidences politiques. Faute d'en posséder une connaissance claire, la coopération réussie à l'intérieur d'une entreprise n'implique pas nécessairement des retombées favorables sur la cité.

Nulle entreprise ne peut se soustraire à sa responsabilité vis-à-vis de la cité. Traiter cette dimension de l'action de l'entreprise qui excède l'activité de production et la fait déborder sur le politique relève en propre de ce qui a été désigné sous le nom d'élaboration doctrinale de l'entreprise. Sur la base de sa doctrine, il revient à l'entreprise de développer en son sein les compétences collectives de ses salariés en vue de négocier le cahier des charges avec le client. Dans le cas où une collectivité territoriale formule une demande de travaux sur le seul critère du moindre coût, il revient à l'entreprise de faire valoir ses arguments en faveur d'un projet qu'elle pense meilleur parce qu'il tient compte d'autres critères que le coût. L'entreprise assume alors de n'être pas seulement une entreprise de production mais aussi une force de proposition, avec des activités de conseil, voire de formation, auprès de la collectivité territoriale demandeuse.

L'élaboration de la doctrine d'une entreprise relève surtout de la responsabilité de la direction, mais elle implique en fait tous les salariés. D'une part parce que les salariés, par leur expérience du travail et de la relation de service dans leurs spécialités respectives, alimentent le débat doctrinal, d'autre part parce que la doctrine n'est pas seulement un affichage. Ce n'est qu'à proportion de son appropriation par tous les salariés, qu'elle peut devenir efficiente sur le terrain à chaque niveau et dans chaque métier. L'élaboration doctrinale de l'entreprise constitue le chaînon intermédiaire entre la démocratie à l'intérieur de l'entreprise et la démocratie à l'extérieur. Vers l'intérieur de l'entreprise, la doctrine est la forme dans laquelle s'énoncent les justifications que la direction doit à ses salariés sur ce que la production à laquelle ils donnent leur zèle prétend apporter à la conservation ou au développement de la culture et du vivre ensemble dans la cité.

Les expérimentations dont il a été question dans ce livre sur un autre modèle économique à l'aune du travail vivant, montrent que, même dans le contexte actuel, de telles entreprises sont viables. Margaret Thatcher affirmait en 1997 : « There is no alternative[8]. » Cette déclaration est devenue un slogan diffusé dans le monde entier sous l'appellation « TINA » : il n'y a pas d'autre choix possible. La première partie de ce livre montre ce que produit ce slogan et sa concrétisation dans l'entreprise néolibérale : le retournement du travail contre l'être humain avec à la clé l'apparition de suicides jusque sur les lieux de travail. La seconde partie de ce livre montre que le slogan TINA est erroné : on peut gouverner autrement et travailler autrement. C'est pourquoi on est fondé à affirmer que la dégradation du rapport entre subjectivité et travail n'est pas une fatalité. Ces expérimentations qui permettent de penser et de mettre en œuvre une organisation du travail plaçant le travail vivant au centre, ne peuvent avoir d'avenir que si les différents niveaux des pouvoirs politiques : 1. en connaissent la théorie et les principes ; 2. appliquent ces principes d'abord à leurs propres organisations politiques (c'est-à-dire s'engagent dans un effort de reconstruction de la coopération au sein des partis et de l'état) et 3. élaborent leur formulation jusque dans les politiques d'entreprise et les politiques publiques.

Les entreprises publiques et privées qui se sont engagées dans ces expérimentations ont montré que la reconnaissance de la portée politique de l'organisation du travail permet de transformer en profondeur le monde du travail dont ils ont la responsabilité. Pour les autres, c'est maintenant une question de choix.

NOTES

INTRODUCTION

1. F. Daniellou, A. Laville, C. Teiger, « Fiction et réalité du travail ouvrier », in *Les Cahiers français*, n° 209, La Documentation française, 1983, p. 39-45.

2. S. Lebovici, S. Shentoub, E. & J. Kestemberg, L. Bonnafé, S. Follin, E. Monnerot, L. Le Guillant, « La psychanalyse. Idéologie réactionnaire », in *La Nouvelle Critique*, n° 7, 1949, p. 52-73.

3. *La città del lavoro : Sinistra e crisi del fordismo*, Campi del Sapere, 1997 – trad. fr. J. Nicolas, *La Cité du travail. La gauche et la crise du fordisme*, préface de A. Supiot, IEA (Nantes) et Fayard (Paris), 2012.

4. H. Hirata, D. Kergoat, « Rapports sociaux de sexe et psychopathologie du travail », in C. Dejours (dir.), *Plaisir et souffrance dans le travail*, tome II, Paris, éd. PSY-TA CNAM, 1988, p. 131-176.

5. D. Kergoat, *Se battre, disent-elles*, Paris, éd. La Dispute, 2012.

6. Ouvrage collectif, *Souffrances et précarités au travail. Paroles de médecins du travail*, Paris, éd. Syros Alternatives et Mutualité française, 357 p.

7. A. Wisner, F. Daniellou, C. Dejours, « Uncertainty and anxiety in continuous process industries », Communication for 5th UOEH International Symposium on Automation and Robotics, Session I, « Occupational Health issues in automated actories » ; Kitakyushu (Japon), 1985, in K. Noro (éd.), « Occupational health and safety in automation and robotics. Taylor and

Francis », 1987, Londres-New York, p. 39-51, 437 p. ; F. Daniellou, C. Teiger, D. Dessors, « Formation à l'analyse de l'activité et rapport au travail », in C. Dejours (dir.), *Plaisir et souffrance dans le travail*, tome I, *op. cit.*, p. 77-94.

8. E. Renault, *Souffrances sociales. Philosophie, psychologie et politique*, Paris, La Découverte, 2008 ; J.-P. Deranty, « Cartographie critique des objections historicistes à la centralité du travail », in *Travailler*, n° 30, 2013, p. 17-48 et « Work as Transcendental Experience », in *Critical Horizons*, n° 11, 2010, p. 181-201 ; N. Smith, « Work as Expression », in *Travailler*, n° 30, 2013, p. 49-66.

9. R. Linhart, « Lénine, les paysans, Taylor », Seuil, 1976 ; H. Shaiken, *Work Transformed*, New York, 1984 ; Holt, Rinehart and Winston – trad. fr., *Penser à l'envers*, Paris, Flammarion, 1986 ; H. Braverman, « Labor and Monopoly Capital : The Degradation of Work in the Twentieth Century », in *Monthly Review Press*, New York, 1974.

10. C. Dejours, « L'évaluation du travail à l'épreuve du réel. Critique des fondements de l'évaluation », in *Sciences en questions*, Versailles, QUAE Éditions, 2003, 84 p.

Partie I
Le temps de la résignation

Avant-propos

1. Dejours, 2003.

1. La normalisation du soin

1. Irdes, 2012.
2. Charaoui & al, 2011.
3. Dejours, 1980.
4. Dumesnil, 2011.

5. Agence de biomédecine, 2013.
6. Embriaco, 2007 ; Poncet, 2007.
7. Kreis, 2013.
8. Steiner, 2010.
9. Spoljar, 2008.
10. Pour le comité consultatif national d'éthique pour les sciences de la vie et de la santé, le don d'organes reste ainsi « une question de lien social où se joue la transmission de ce qui ne peut faire l'objet d'un partage : le corps » (2011).
11. Dejours & Bègue, 2009.
12. La référence à la vie désigne ici la vie subjective, qui résulte de la capacité de « s'éprouver soi-même », de se « souffrir soi-même » dans un rapport de soi à soi. Selon M. Henry, la subjectivité comme « auto-affection » se révèle à travers un double mouvement d'affectation par soi-même et par le monde (Henry, 2001). Cette conception phénoménologique de la vie subjective permet également de souligner le caractère « vivant » de l'expérience du travail.

2. Rendre service ou vendre du service ?

1. Pour une synthèse récente des travaux portant sur les centres d'appels téléphoniques, voir D. Rolo, Contraintes organisationnelles, distorsion de la communication et souffrance éthiques : le cas des centres d'appels téléphoniques, thèse de doctorat de psychologie du travail, Paris, Conservatoire National des Arts et Métiers, 2013, p. 77-82.
2. Rolo, 2013.
3. Dejours, 2004.
4. Dessors D., Jayet C., « Méthodologie et action en psychopathologie du travail. À propos de la souffrance des équipes de réinsertion médico-sociales », *Prévenir*, 20, p. 31-34.
5. S. Le Lay, « Des pratiques ouvrières ludiques aux dispositifs managériaux ludistes : vers une instrumentalisation du jeu dans le travail », Nouvelle revue du travail, n° 2, 2013.

6. Si l'on suit les propositions récentes de Demaegdt (« Apport de la clinique du travail à l'anthropologie psychologique du sens moral », thèse de doctorat de psychologie du travail, Paris, Conservatoire National des Arts et Métiers, 2012), ladite souffrance mériterait également le qualificatif « déontique ». La souffrance déontique résulterait d'une mise en impasse de l'activité déontique, c'est-à-dire du processus de construction des règles qui encadrent l'activité et permettent par la suite de juger de ce qui est bien ou mal, juste ou injuste. Dans ce sens, ce serait plutôt l'incapacité, ou l'impossibilité, de se doter de critères de jugement collectifs qui signerait l'entrée dans la souffrance.

7. V. Joule, J. L. Beauvois, *La soumission librement consentie*, Paris, PUF, 1998.

3. Le cynisme de la résignation

1. Dumesnil, 2011.
2. Courtine-Denamy, 1995.
3. Dejours, 2009, tome 2, p. 87-91. Cf. aussi dans le présent livre 2e partie, p. 145 et sq.
4. Henry, 1987.
5. Le nombre total de suicides au travail publié aux États-Unis était de 196 en 2007, de 251 en 2008, de 270 en 2010 (Bureau of Labor Statistics : Occupational Suicides. Census of Fatal Occupational Injuries. Fact Sheet, Aug 2009.www.bls.gov). Le nombre total d'homicides par fusillade au travail était en 2013 de 405, en 2008 de 526 (US Bureau of Labor Statistics : Injuries, Illnesses and Fatalities, Fact Sheet. Work Place Homicides from Shootings – January 2013, http://www.bls.gov/iif/oshwc/cfoi/work hom.perf) avec une incidence maximale dans le secteur du commerce de détail.
6. Dodier, 1989.
7. Demaegdt, 2013.
8. Freud, 1930.
9. Demaegdt, 2012.

10. Freud, 1938.
11. Genel, 2013.

Partie II
Le temps du changement

Avant-propos

1. C. du Tertre, 2013, « Économie servicielle et travail : contribution théorique au développement d'une économie de la coopération », *Travailler*, n° 29, p. 29-64.

1. Travailler autrement, c'est possible

1. Dejours, 1992.
2. Daniellou et coll., 1983.

2. Les nouveaux managers

1. Dejours & Gernet, 2012.
2. C. du Tertre, 2008, « Investissements immatériels et Patrimoine collectif immatériel », in C. Laurent et C. du Tertre (éd.), *Secteurs et territoire dans les régulations émergentes*, Édition l'Harmattan, Paris, p. 73-90.

3. Un tournant économique

1. C. du Tertre, 2009, « Modèle industriel et modèle serviciel de performance », *Économies et Sociétés*, Série « Économie et Gestion des Services », EGS, n° 10, 4/2009, p. 643-662.

C. du Tertre, 2002, « Activités immatérielles et relationnelles : quels nouveaux enjeux pour les territoires ? », *Géographie, économie et société*, volume IV - n° 2 – 2002, p. 181-204.

C. du Tertre et Hubault F., 2008, « Le travail d'évaluation », in F. Hubault éditeur, *Évaluation du travail, travail d'évaluation*, Actes du colloque des 4-6 juin 2007, Éditions Octarès, Toulouse p. 95-114.

C. du Tertre, 2006, « Ouvrir le champ de l'évaluation de la performance au registre des externalités », in Edith Heurgon (coordinatrice), *Le développement durable c'est enfin du bonheur*, collection essai, Éditions de l'Aube, p. 104-120.

2. C. du Tertre, 2002, « Services, relation de service et économie immatérielle », in François Hubault (coord.), *La relation de service, opportunités et questions nouvelles pour l'ergonomie*, Octarès éditions, Toulouse, p. 225-235.

P. Ughetto, N. Besucco, M. Tallard, C. du Tertre, 2002, « La relation de service, une tension vers un nouveau modèle de travail », *La revue de l'IRES*, n° 39, 2002 – 2, p. 85-114.

3. C. du Tertre, 2007, « Création de valeur et accumulation ; capital et patrimoine », *Économies et Sociétés*, tome LX, n° 3, p. 157-176.

4. C. du Tertre, 2001, « Nouveau régime d'accumulation et Aménagement-Réduction du Temps de Travail : le rôle "clé" des activités immatérielles et relationnelles » in Guy Groux (dir.), *L'action publique négociée : approches à partir des 35 heures (France-Europe)*, Éditions l'Harmattan, Paris, p. 219-233.

5. C. du Tertre, 2005, « Services immatériels et relationnels : intensité du travail et santé », *Activités*, volume II, n° 1, p. 37-49.

Conclusion

1. A. Honneth, « Arbeit und instrumentales Handeln. Kategoriale Probleme einer kritischen Gesellschaftstheorie » (p. 185-233), in A. Honneth, U. Jaeggi (dir.), *Arbeit, Handlung, Normativität. Theorien des Historischen Materialismus*, Francfort-sur-le-Main, Suhrkamp Verlag, 1980 – trad. fr., « Travail et agir instrumental. À propos des problèmes catégoriels d'une théorie critique de la société », in *Travailler*, n° 18, 2007, p. 17-57 ; M. Henry (1983), « Préalables philosophiques à une lecture de

Marx », in *Phénoménologie de la vie*, tome III : *De l'art et du politique*, PUF, 2004, p. 41-76.

2. E. Renault, « Dewey et la centralité du travail », in *Travailler*, n° 28, 2012, p. 125-148.

3. A. Cukier, « Pouvoir et empathie. Philosophie sociale, psychologie et théorie critique », thèse Université de Paris-Ouest-Nanterre-La Défense, Laboratoire Sophiapol, 2014.

4. B. Trentin, *La città del lavoro : Sinistra e crisi del fordismo*, Campi del Sapere, 1997 – trad. fr. J. Nicolas, *La Cité du travail. La gauche et la crise du fordisme*, préface de A. Supiot, IEA (Nantes) et Fayard (Paris), 2012.

5. *Ibid.*, p. 185-206.

6. J.-P. Deranty, « Travail et expérience de la domination dans le néo-libéralisme contemporain », in *Actuel Marx*, n° 49, 2010, p. 73-89 ; – « What is Work ? Key Insights from the Psychodynamics of Work », in *Thesis Eleven*, n° 98, 2009 ; – « Expression and Cooperation as Norms of Contemporary Work », in N. Smith, J.-P. Deranty (éd.), *New Philosophies of Labour. Work and the Social Bound*, Leyde-Boston, Brill, 2012, p. 150-179.

7. J. Porcher, *Vivre avec les animaux*, préface de A. Caillé, Paris, La Découverte, 2014.

8. M. Thatcher, « The Boneless Wonder of New labour », *Daily Telegraph*, 1er avril 1997.

Bibliographie

Agence de biomédecine (2013), « Modalités de financement des activités de prélèvement et de greffes d'organes, de tissus et de cellules souches hématopoïétiques », www.agence-biomedecine.fr/IMG/pdf/2013_brochure_t2a.pdf

Baudelot C., Establet R. ([1984] 1993), *Durkheim et le suicide*, Paris, Presses Universitaires de France.

Böhle F., Milkau B. (1991), « *Vom Handrad zum Bildschirm* », CAMPUS, Institut für Sozialwissenschaftliche Forschung e.v. ISF München, trad. fr. Ancelin C. et coll. : *De la manivelle à l'écran. L'évolution de l'expérience sensible des ouvriers lors des changements technologiques*, Eyrolles, Coll. « DER d'EDF », 1998.

Chahraoui K. *et al.* (2011), « Vécu psychologique des soignants en réanimation : une étude exploratoire et qualitative », *Annales françaises d'anesthésie et de réanimation*, 30, p. 342-348.

Clot Y. (1995) : *Le travail sans l'homme ? Pour une psychologie des milieux de travail et de vie*, La Découverte, 1 volume, 275 pages.

Comité consultatif national d'éthique pour les sciences de la vie et de la santé, « Questions d'éthique relatives au prélèvement et au don d'organes à des fins de transplantation », avis n° 115.

Courtine-Denamy S., préface à Hannah Arendt, *Qu'est-ce que la politique ?*, Paris, Seuil, 1995.

Cukier A., « Pouvoir et empathie. Philosophie sociale, psychologie et théorie critique », thèse Université de Paris-Ouest-Nanterre-La Défense, Laboratoire Sophiapol, 2014.

Daniellou F., Teiger C., Dessors D., « Formation à l'analyse de l'activité et rapport au travail », in C. Dejours (dir.), *Plaisir et souffrance dans le travail*, tome I, Paris, éd. PSY-TACNAM, 1988, p. 77-94.

Daniellou F., Laville A., Teiger C. (1983), « Fiction et réalité du travail ouvrier », *Documentation française. Les Cahiers Français*, 209, p. 39-45.

Dejours C. ([1980] 2008), *Travail, usure mentale. De la psychopathologie à la psychodynamique du travail*, Paris, Bayard.

Dejours C. (1992) : « Pathologie de la communication ; situation de travail et espace public : le cas du nucléaire. » Raisons Pratiques : 3 : 171-201.

Dejours C. (1998), *Souffrance en France. La banalisation de l'injustice sociale*, Paris, Seuil.

Dejours C. (2001), *Le corps d'abord*, Paris, Payot.

Dejours C. (2003) : « L'évaluation du travail à l'épreuve du réel », Versailles, Éditions Quæ.

Dejours C. (2004), « Activisme professionnel : masochisme, compulsivité ou aliénation ? » *Travailler*, 11, p. 25-40.

Dejours C. (2009) : *Travail vivant*, t. I : *Sexualité et travail*, p. 196.

Dejours C., Bègue F. (2009), *Suicide et travail : que faire ?*, Paris, PUF.

Dejours C. (2010), *Le facteur humain*, PUF, coll. « Que sais-je ? », 5e édition.

Dejours C., Gernet I. (2012), « Travail, subjectivité et confiance », *Nouvelle revue de psychosociologie*, 2012/1, 13, p. 75-91.

Demaegdt C. (2012), *Apport de la clinique du travail à l'anthropologie psychanalytique du sens moral*, thèse de doctorat de psychologie du travail, Paris, Conservatoire national des arts et métiers.

Demaegdt C. (2013) : « L'embarras du travail dans l'étiologie psychanalytique des névroses de guerre ». L'information psychiatrique : 89 : 651-659.

Deranty J.-P.,« Cartographie critique des objections historicistes à la centralité du travail », in *Travailler*, n° 30, 2013, p. 17-48.

Deranty J.-P., « Expression and Cooperation as Norms of Contemporary Work », in N. Smith, J.- P. Deranty (éd.), *New Philosophies of Labour. Work and the Social Bound*, Leyde-Boston, Brill, 2012, p. 150-179.

Deranty J.-P., « Travail et expérience de la domination dans le néo-libéralisme contemporain », in *Actuel Marx*, n° 49, 2010, p. 73-89.

Deranty J.-P., « What is Work ? Key Insights from the Psychodynamics of Work », in *Thesis Eleven*, n° 98, 2009.

Deranty J.-P., « Work as Transcendental Experience », in *Critical Horizons*, n° 11, 2010, p. 181-201.

Dessors D., Jayet C. (1990), « Méthodologie et action en psychopathologie du travail. À propos de la souffrance des équipes de réinsertion médico-sociales », *Prévenir*, 20, p. 31-34.

Dodier N. (1989) : « Exploits, protestations, expertises : les formes d'expression de l'impératif de sécurité dans une entreprise », *Prévenir*, 19, p. 71-88.

Dumesnil J. (2011), *Art médical et normalisation du soin*, Paris, PUF.

Embriaco N. *et al.* (2007) « High level of burn out in intensivists : prevalence and associated factors », *Am J Respir Crit Care Med*, 175, p. 686-692.

Felstiner W. L. F., Abel R. L., Sarat A. ([1980-1981] 1991), « L'émergence et la transformation des litiges : réaliser, reprocher, réclamer… », *Politix*, 16, p. 41-54.

Freud S. (1927), « Fétichismes », trad. fr. OCF, PUF, t. XVIII, p. 125-131.

Freud S. (1930) : « Das Unbehagen in der Kultur » trad. fr. « Malaise dans la culture » in Œuvres complètes, tome XVIII, Paris, PUF, 2002.

Freud S. (1938), « Le clivage du moi dans le processus de défense », trad. fr. OCF, PUF, vol. XX, p. 221-222.

Gaignard L., Charon A. (2005), « Gestion de crise et traumatisme : les effets collatéraux de la "vache folle". De l'angoisse singulière à l'embarras collectif », *Travailler*, 14, p. 57-70.

Genel K. (2013), *Autorité et émancipation : Horkheimer et la théorie critique*, Payot-Rivages.

GILBERT C., HENRY E. (2012), « La définition des problèmes publics : entre publicité et discrétion », *Revue française de sociologie*, 53(1), p. 35-59.

GILBERT C., HENRY E., BOURDEAUX I. (2009), « Lire l'action publique au prisme des processus de définition des problèmes », *in* GILBERT C., HENRY E. (dir.), *Comment se construisent les problèmes de santé publique*, Paris, La Découverte, p. 9-33.

GOFFMAN E. (1968), *Asiles*, Paris, Les Éditions de Minuit, 2007.

GROSJEAN V., RIBERT-VAN DE WEERDT C. (2003), « Les modes de management dans un *call center* et leurs conséquences sur le bien-être des opérateurs », *Note scientifique & technique*, 234, INRS, juin.

HABER S. (2012), « Renouveau de la philosophie sociale ? », *Esprit*, mars/avril (3), 131-149.

HENRY M. (1965), *Philosophie et phénoménologie du corps*, Paris, PUF, p. 281.

HENRY M. (1983), « Préalables philosophiques à une lecture de Marx », in *Phénoménologie de la vie*, tome III : *De l'art et du politique*, PUF, 2004, p. 41-76.

HENRY M. (1987) : « *La barbarie* », Grasset.

HENRY M. (1997), *Philosophie et phénoménologie du corps*, PUF, coll. « Épiméthée », p. 281 et 306.

HIRATA H., KERGOAT D., « Rapports sociaux de sexe et psychopathologie du travail », in C. Dejours (dir.), *Plaisir et souffrance dans le travail*, tome II, Paris, éd. PSY-TA CNAM, 1988, p. 131-176.

HONNETH A., « Arbeit und instrumentales Handeln. Kategoriale Probleme einer kritischen Gesellschaftstheorie » (p. 185-233), in A. Honneth, U. Jaeggi (dir.), *Arbeit, Handlung, Normativität. Theorien des Historischen Materialismus*, Francfort-sur-le-Main, Suhrkamp Verlag, 1980 – trad. fr., « Travail et agir instrumental. À propos des problèmes catégoriels d'une théorie critique de la société », in *Travailler*, n° 18, 2007, p. 17-57.

HUXLEY A. ([1931] 2002), *Le meilleur des mondes*, Paris, Pocket.

HUXLEY A. ([1959] 2006), *Retour au meilleur des mondes*, Paris, Pocket.

Institut de recherche et documentation en économie de la santé (2012), Or Z., Häkkinen U., « Qualité des soins et T2A : pour le meilleur ou pour le pire ? » , Document de travail n° 53, décembre 2012.

Joule V., Beauvois J.-L. (1998), *La soumission librement consentie*, Paris, Presses Universitaires de France.

Kentish-Barnes N. (2007) « "Mourir à l'heure du médecin". Décisions de fin de vie en réanimation », *Revue française de sociologie*, 48, 3, p. 449-475.

Kergoat D., *Se battre, disent-elles*, Paris, éd. La Dispute, 2012.

Kreis H. (2013), *Les greffes d'organes : une nouvelle fabrique du corps*, Paris, L'Harmattan.

Lambek M. (2010), « L'éthique en actes », in Fassin D., Lézé S. (dir.), *La question morale. Une anthologie critique*, Paris, PUF, 2013.

Lebovici S., Shentoub S., Kestemberg E. & J., Bonnafé L., Follin S., Monnerot E., Guillant L. le, « La psychanalyse. Idéologie réactionnaire », in *La Nouvelle Critique*, n° 7, 1949, p. 52-73.

Le Lay S. (2013), « Des pratiques ouvrières ludiques aux dispositifs managériaux ludistes : vers une instrumentalisation du jeu dans le travail », *Nouvelle revue du travail*, n° 2, http://nrt.revues.org/702

Linhart R., « Lénine, les paysans, Taylor », Seuil, 1976 ; H. Shaiken, *Work Transformed*, New York, 1984 ; Holt, Rinehart and Winston – trad. fr., *Penser à l'envers*, Paris, Flammarion, 1986 ; H. Braverman, « Labor and Monopoly Capital : The Degradation of Work in the Twentieth Century », in *Monthly Review Press*, New York, 1974.

Médecine du travail : *Paroles de médecins du travail*, Paris, éd. Syros Alternatives et Mutualité française, 1994, 357 p.

Molinier P. (2003), *L'énigme de la femme active (Égoïsme, sexe et compassion)*, Paris, Payot, 275 pages.

Molinier P. (2009), « De la rumeur à la peur », *Communication & Organisation*, 36, p. 44-54.

Orwell G. ([1949] 2007), *1984*, Paris, Gallimard.

Poncet M. C. *et al.* (2007), « Burn out syndrome in critical nursing staff », *Am J respir Crit Care Med*, 175, p. 698-704.

Porcher J. (2002), *Éleveurs et animaux, réinventer le lien*, PUF, coll. « Partage du savoir ».

Porcher J., *Vivre avec les animaux*, préface de A. Caillé, Paris, La Découverte, 2014.

Renault E., « Dewey et la centralité du travail », in *Travailler*, n° 28, 2012, p. 125-148.

Renault E., *Souffrances sociales. Philosophie, psychologie et politique*, Paris, La Découverte, 2008.

Rimbaud A. (1873) : « Adieu » in « Une saison en enfer ».

Rolo D. (2013), *Contraintes organisationnelles, distorsion de la communication et souffrance éthique : le cas des centres d'appels téléphoniques*, thèse de doctorat de psychologie du travail, Paris, Conservatoire national des arts et métiers.

Shaiken H. (1984), *Work Transformed*, New York, Holt, Rinehart and Winston, trad. fr. (1986) : *Penser à l'envers*, Paris, Flammarion.

Smith N., « Work as Expression », in *Travailler*, n° 30, 2013, p. 49-66.

Spoljar P. (2008), « Souffrances psychiques et emprise des "logiques gestionnaires" en service de soins intensifs : le miroir du patient », *Perspectives psy*, 47, p. 185-194.

Steiner P. (2010), *La transplantation d'organes. Un commerce nouveau entre les êtres humains*, Gallimard.

Tertre C. du (2001), « Nouveau régime d'accumulation et Aménagement-Réduction du Temps de Travail : le rôle "clé" des activités immatérielles et relationnelles » in Guy Groux (dir.), *L'action publique négociée : approches à partir des 35 heures (France-Europe)*, Éditions l'Harmattan, Paris, p. 219-233.

Tertre C. du (2002), « Activités immatérielles et relationnelles : quels nouveaux enjeux pour les territoires ? », *Géographie, économie et société*, volume IV - n° 2 – 2002, p. 181-204.

Tertre C. du (2002), « Services, relation de service et économie immatérielle », in François Hubault (coord.), *La relation de service, opportunités et questions nouvelles pour l'ergonomie*, Octarès éditions, Toulouse, p. 225-235.

Tertre C. du (2005), « Services immatériels et relationnels : intensité du travail et santé », *Activités*, volume II, n° 1, p. 37-49.

Tertre C. du (2006), « Ouvrir le champ de l'évaluation de la performance au registre des externalités », in Edith Heurgon (coordinatrice), *Le développement durable c'est enfin du bonheur*, collection essai, Éditions de l'Aube, p. 104-120.

Tertre C. du (2007), « Création de valeur et accumulation ; capital et patrimoine », *Économies et Sociétés*, tome LX, n° 3, p. 157-176.

Tertre C. du et Hubault F. (2008), « Le travail d'évaluation », in F. Hubault éditeur, *Évaluation du travail, travail d'évaluation*, Actes du colloque des 4-6 juin 2007, Éditions Octarès, Toulouse p. 95-114.

Tertre C. du (2009), « Modèle industriel et modèle serviciel de performance », *Économies et Sociétés*, Série « Économie et Gestion des Services », EGS, n° 10, 4/2009, p. 643-662.

Tertre C. du (2013), « Économie servicielle et travail : contribution théorique au développement d'une économie de la coopération », *Travailler*, n° 29, p. 29-64.

Thatcher M., « The Boneless Wonder of New labour », *Daily Telegraph*, 1er avril 1997.

Trentin B., *La città del lavoro : Sinistra e crisi del fordismo*, Campi del Sapere, 1997 – trad. fr. J. Nicolas, *La Cité du travail. La gauche et la crise du fordisme*, préface de A. Supiot, IEA (Nantes) et Fayard (Paris), 2012.

Ughetto P. , Besucco N. , Tallard M. , Tertre C. du (2002), « La relation de service, une tension vers un nouveau modèle de travail », *La revue de l'IRES*, n° 39, 2002 – 2, p. 85-114.

Wisner A., Daniellou F., Dejours C., « Uncertainty and anxiety in continuous process industries », Communication for 5th UOEH International Symposium on Automation and Robotics, Session I, « Occupational Health issues in automated actories » ; Kitakyushu (Japon), 1985, in K. Noro (éd.), « Occupational health and safety in automation and robotics. Taylor and Francis », 1987, Londres-New York, p. 39-51, 437 p.

Remerciements

Nos remerciements vont d'abord à Béatrice Bouniol dont le travail a dépassé largement ce qu'on peut attendre d'un éditeur. Pour ses idées, pour son aide, pour sa patience, pour sa rapidité, nous lui exprimons notre reconnaissance.

Notre gratitude va aussi à Virginie Hervé dont le soutien indéfectible depuis tant d'années à notre travail et à nos recherches constitue une contribution dont ce livre est aussi l'expression.

Table des matières

Partie II
Le temps du changement

Cet ouvrage est imprimé sur un papier certifié PEFC qui garantit la gestion durable et responsable des ressources forestières.

2e tirage
Achevé d'imprimer en France en avril 2015
par Normandie Roto Impression s.a.s., 61250 Lonrai
Dépôt légal : février 2015 – N° d'impression : 1501499